Dasa Szekely
Coaching to go

Dasa Szekely

Coaching to go

Die 30 häufigsten Irrtümer
über sich selbst und die Welt –
und wie Sie sie vermeiden

Verlagsgruppe Random House FSC-DEU-0100
Das für dieses Buch verwendete FSC®-zertifizierte Papier
EOS liefert Salzer Papier, St. Pölten, Austria.

Bibliografische Information der Deutschen Bibliothek

Die Deutsche Bibliothek verzeichnet diese Publikation
in der Deutschen Nationalbibliografie; detaillierte bibliografische Daten
sind im Internet unter http://dnb.ddb.de abrufbar.

© 2012 Ariston Verlag in der Verlagsgruppe Random House GmbH.
Alle Rechte vorbehalten.

Umschlaggestaltung: Nele Schütz Design unter Verwendung
eines Motivs von shutterstock/notkoo
Illustrationen Innenteil: Yo Rühmer
Satz: EDV-Fotosatz Huber/Verlagsservice G. Pfeifer, Germering
Druck und Bindung: CPI Moravia Books, Pohořelice
Printed in Czech Republic

ISBN: 978-3-424-20078-2

Inhalt

Haben Sie Psychologie studiert,
Frau Szekely? 9

Was ist Coaching to go? 15

Das kann Coaching to go 17
Das kann Coaching to go nicht 20

Irrtümer über sich selbst, andere und die Welt.... 23

Wie Sie dieses Buch benutzen können 27

Irrtümer über sich selbst..................... 27
Irrtümer über andere 28

Die Irrtümer 29

1. Warum ist das bloß so? 29
2. Alles muss ich selbst machen! 34
3. Ich kann nichts 40
4. Immer ich! 43
5. Das schaffe ich nie! 51
6. Ich hab' grad so viele Baustellen 56
7. Mir wächst alles über den Kopf! 60
8. Ich bin halt so! / »Ich bin halt so« –
   in Beziehungen 67
9. Ich bin total bescheuert! 78
10. Hilfe!! 81
11. Das war ein Fehler 84
12. Ja, aber 91
13. Keine Ahnung! 98
14. Ich blick' nicht mehr durch! 103
15. Da tappe ich im Dunkeln! 108
16. Das nervt mich 112
17. Ich dreh' mich im Kreis 118
18. Man sollte nicht so lange nachdenken 123
19. Eigenlob stinkt! 133
20. Das Problem ist 139
21. Ich möchte gern die richtige Entscheidung
    treffen! 145
22. Es ist frustrierend! 151
23. Ich hab' mich echt gequält! 157
24. Das ist ganz schön anstrengend! 163

25. Ich stolpere von einem Desaster ins nächste 168
26. Das fällt mir schwer 175
27. Ich kann mich nicht verkaufen! 183
28. Es ist die Hölle! 190
29. Ich beklage mich ja nicht, aber 196
30. Das macht doch keinen Sinn! 203

Nachwort 211

Dank an 215

Register................................... 217

Über die Autorin 222

Haben Sie Psychologie studiert, Frau Szekely?

Auf die obligatorische Frage, was ich beruflich mache, antworte ich wahrheitsgemäß mit: »Ich arbeite als Coach«, worauf in 90 Prozent der Fälle die nächste Frage kommt, nämlich ob ich Psychologie studiert habe. Bislang habe ich 100 Prozent der Fälle verneint, wohl wissend, dass dies beim Gegenüber ein mehr oder weniger offen kommuniziertes Infragestellen meiner Fähigkeiten als Coach zur Folge hat.

Seit ich mich aber mit hypnosystemischen Denkansätzen und neurobiologischen Erkenntnissen (zu deutsch: Hirnforschung) beschäftige, läuft der Dialog anders ab:

»Haben Sie Psychologie studiert?«
Ja!
»Wo?«
Und dann antworte ich, völlig wahrheitsgemäß:
In Werbeagenturen!

Denn ich weiß jetzt: Was ich all die Jahre als Strategin und Texterin über die menschliche Psyche, die Funktionsweise unseres Gehirns und die Auswirkungen auf unser Verhalten gelernt und angewendet habe, unterscheidet sich nur in einem Punkt von dem, was ich jetzt tue: dem Ziel. Werbemaßnahmen zielen darauf ab, Produkte zu verkaufen, mein Ziel ist es, Menschen zu einem besseren Leben zu verhelfen. Der Weg dahin ist – trotz der gegensätzlichen Ziele – in vielerlei Hinsicht der gleiche.

Ein Beispiel: Werbung verknüpft Produkte mit Erlebniswelten, sodass unser Gehirn diese beiden Dinge miteinander vernetzt, damit wir etwas kaufen. Probieren Sie es aus:

Woran denken Sie bei Bacadi? An eine Flasche Rum oder an eine halb nackte tanzende Frau im Kreise überglücklicher, verdammt gut aussehender Männer und Frauen? Und bei Kinder Pinguí? Und bei Ariel? All die schönen Bilder, Menschen, Gefühlswelten sollen Ihnen suggerieren, dass Sie nur das Produkt kaufen müssen, um auf eine karibische Insel zu reisen und dort mächtig Spaß mit coolen Leuten zu haben. Ein Kinder Pinguí, und Ihre Seele schaukelt in aller Ruhe in der Hängematte in einem wunderschönen Garten. Wir *wissen*, dass es so nicht ist, aber unser Unterbewusstsein blendet diese Tatsache einfach aus. Wenn wir dann vor den Regalen stehen, nutzt uns unser Wissen nichts.

So ähnlich verhält es sich in Krisenzeiten: Das Wissen um die Realität nutzt uns nichts, vielmehr bedienen wir uns an unseren hausgemachten Bildern und lassen uns durch sie beeinflussen, genauso wie in der Werbung.

Wenn wir zum Beispiel vor einer Prüfung stehen, rufen wir intern Bilder ab, die wir in diesem Zusammenhang bislang entwickelt haben. Nur sind diese Bilder dann naturgemäß nicht annähernd so hübsch, denn nicht die Werbeagentur hat sie produziert, sondern unsere Angst zu versagen.

Ein Hypnotherapeut würde hier vielleicht – ähnlich wie ein Werber, aber natürlich mit eigener Absicht – diese Versagensangst mit einer anderen »Bilder-Welt« verknüpfen, um dem Patienten einen differenzierten Umgang damit zu ermöglichen.

Werbung nutzte die Art und Weise, wie unser Gehirn »tickt«, übrigens schon lange bevor die Neurobiologie in den 70er-Jahren mit amtlichen Ergebnissen aufwartete. Durch computergestützte bildgebende Verfahren gibt es mittlerweile zahlreiche Beweise für die Richtigkeit dessen, was jahrzehntelang sozusagen »intuitiv richtig« angewendet wurde. Die Wissenschaft hat den »Werbebrauch« bestätigt.

Das alles wusste ich damals nicht, als ich 2001 darüber nachdachte, was ich statt Werbung machen könnte. Vieles von dem Wissen, das ich mir damals erschlossen hatte, war im Werbekontext mit einer anderen Terminologie als in der Psychologie verbunden. Was ich wusste, war: Das Ziel – Menschen auf diese Weise zu beeinflussen – wollte ich nicht mehr.

Die Arbeit selbst, die machte mir allerdings großen Spaß. So kam ich zum Coaching und nach und nach zu der Erkenntnis, dass ich mein Wissen in diesem Bereich nutzen kann, um Menschen zu helfen.

Auf die systemische Coaching-Ausbildung folgte eine Ausbildung in Transaktionsanalyse. Zahlreiche Seminare, zum Beispiel in hypnosystemischer Therapie, sowie die Lektüre etlicher Fachbücher und mein nicht zu stillender Wissensdurst um die Belange der menschlichen Psyche versetzen mich heute in die glückliche Lage, auch tiefer liegende Verhaltensmuster nachhaltig bearbeiten zu können – sei es als akute Krisenintervention in Einzelcoachings oder als Prävention in meinen Seminaren.

Mein Know-how und meine Erfahrung als Führungskraft und Text-Dozentin fließen dabei ebenso ein wie meine Kreativität und meine Liebe zur Sprache. Letztere ist – wie bei Leidenschaften üblich – mit viel Wissen verbunden und Fundament für meine Arbeit als Coach. So auch in diesem Buch, in dem ich Ihnen einen kleinen Einblick in meine Sprachcoaching-Arbeit gebe. Sprache hat großen Einfluss auf unser Denken und Handeln – und umgekehrt hat unser Denken und Handeln einen großen Einfluss auf unsere Sprache. Diese spannende Wechselbeziehung ist Thema dieses Buches.

Ich hatte übrigens nach meiner Ausbildung zum systemischen Coach tatsächlich überlegt, Psychologie zu studieren. Nach Durchsicht der Lehrpläne stellte ich zum einen fest, dass ich mir die Grundlagen der Psychologie über meine Ausbildung und durch Lektüre weitestgehend bereits selbst erschlossen hatte – vieles davon schon während meiner Zeit in der Werbung. Zum anderen stellte ich fest, dass mich vieles davon nicht die Bohne interessierte, wie zum Beispiel Statistik. Nach dem Studieren der Studienpläne ging ich mit einer Mischung aus Besorgnis und Erleichterung in ein Café, bestellte eine Mischung aus Kaffee und Milch und fragte mich, was mich denn überhaupt motivieren würde, jetzt noch ein weiteres Studium zu absolvieren. Die Antwort kam schnell: Damit ich die Frage, ob ich Psychologie studiert habe, bejahen kann.

Das tue ich jetzt mit einem guten Gefühl – auch wenn mein Studium etwas anders verlaufen ist. Mit ebenso gutem Gefühl verfolge ich mein Ziel, Menschen zu einem besseren Leben zu verhelfen. Bislang ist mir das bei über 250 Menschen schon gelungen. Ein schönes Gefühl!

Ich wünsche Ihnen viel Freude beim Lesen!

Herzlich

Was ist Coaching to go?

Coaching to go ist ein von mir entwickeltes Kurzcoaching-Format (30 Minuten). Der Klient kommt ohne Anmeldung und wenn gerade kein anderer da ist, kann's sofort losgehen. Nach dieser halben Stunde sieht die Welt ganz anders aus! Und weil das so ist, weil der Klient danach ganz anders auf seine Welt schaut, kann er auch etwas anders machen als bisher.

Die Idee dazu hatte ich während meiner Coaching-Ausbildung. In Ermangelung coachingwilliger Ratten und Schimpansen haben wir dort einander gecoacht. Da wir möglichst viele unterschiedliche »Fälle« haben wollten und damit möglichst viele drankommen, haben wir uns dabei jeweils auf 30 Minuten Coaching beschränkt. Ich war immer wieder erstaunt, was in dieser kurzen Zeit so alles herauskam!

Das könnte doch ein Format für unsere chronisch an Zeitmangel leidenden Menschen sein!, sagte ich mir, als ich 2005 mit *dasacoaching* anfing. Jedoch, in der Ausbildung waren es Fachmenschen, die Fachmenschen coachten. War das der Grund, warum die Kurzcoachings so effektiv waren? Und wenn es doch auch mit Fachfremden funktionieren würde? Die Idee ließ mich nicht los, und so bot ich zu meiner Feier anlässlich von zwei Jahren *dasacoaching* erstmals »Coaching to go« für meine Gäste an und alle, die zufällig am Laden vorbeikamen. Ich war höllisch aufgeregt! Würde es klappen? Die Reaktion auf mein Angebot war dann auch skeptisch: »Wie soll das denn gehen?!« – »Ausprobieren!«, antwortete ich tapfer und versuchte, dabei sehr zuversichtlich zu klingen. Meine erste Klientin war eine Frau, die gern ihre Schwester dabeihaben wollte. Na toll!, dachte ich, auch noch mit Beobachtung! Und zwar auch noch von einer, die vom Fach war, wie sich herausstellte. Ich fühlte mich ein bisschen wie bei meiner Führerscheinprüfung: Fahrlehrer neben mir, Prüfer auf dem Rücksitz in meinem Nacken – und jetzt gaaaanz locker im Schnee am Berg anfahren! Um es kurz zu machen: Ich bestand die Prüfung und die Fachfrau zeigte sich verblüfft und beeindruckt. Experiment geglückt, Coach und Klient zufrieden. Noch mehrere Male an diesem Tag. Bingo!

Das alles ist jetzt schon ein paar Jahre her, und ich biete seitdem immer wieder mit großer Freude Coaching to go an – mal in meinem Laden (www.dasacoaching.de), mal woanders. So zuletzt im Rahmen des Kunstprojektes »xqm« in einem Zelt am Frankfurter Opernplatz und in dem wunderschönen COLEKT, ebenso in Frankfurt, wo wir zu »Coaching to go und cake to stay« einluden: 30 Minuten Coaching, ganz entspannt bei Kaffee und Kuchen.

Ich möchte Sie jetzt einladen, von meinen Coaching-to-go-Erfahrungen zu profitieren. Aber, werden Sie vielleicht denken, ich bin doch gar kein Coach! Ja, das macht schon einen Unterschied – und trotzdem werden Sie profitieren. Auch habe ich alles so beschrieben, dass Sie es ganz leicht verstehen, nachvollziehen und Ihr eigener Coach sein können. Das ist selbstverständlich nicht vergleichbar mit einem professionellen Coaching, aber ein Anfang! Und, wer weiß, vielleicht sogar einer mit Happy End. Ausprobieren! (Wie Sie weiter vorne gelesen haben, lohnen sich Experimente!)

Übrigens entwickle ich meine Coaching-to-go-Ideen meistens spontan in der Situation, jeweils auf den Klienten bezogen. Manchmal gefallen mir dann diese Ideen so gut, dass ich sie in mein »Repertoire« aufnehme und auch bei anderen anwende.

Das kann Coaching to go

Coaching to go hilft Ihnen, Ihre (festgefahrene) Situation aus verschiedenen Blickwinkeln zu betrachten. Schon in kurzer Zeit werden Sie auf diese Weise handlungsfähig, weil Sie Ihre gewohnten Denkmuster durchbrechen – der erste Schritt für Veränderung.

Coaching to go bringt schnell neue Sichtweisen in alte Denkmuster.

Warum ist das oft so schwer?

Der Mensch ist ein Gewohnheitstier und das Gehirn ist faul (sonst könnte es nicht so viel leisten). Oft halten wir deshalb an etwas fest, zum Beispiel an einer Meinung über uns oder andere. Wir denken dann: Das *ist* so – was nicht bedeutet, dass es tatsächlich so ist! Aber wir sehen es so und deshalb nehmen wir an, dass es so ist. Wir haben uns sozusagen eine eigene Wirklichkeit gebastelt, ein eigenes Universum. Wie Pippi Langstrumpf – »Ich mach' mir die Welt …«.

Unser Universum basiert auf unseren Gedanken und Gefühlen: So, wie wir uns fühlen, wie wir denken, schauen wir auf uns selbst und die Welt. Dabei nehmen wir oft an, jeder andere würde ganz genau das Gleiche sehen und empfinden. Der andere jedoch hat sich eine ganz andere Wirklichkeit gebastelt, von der auch er annimmt, dass sie die unbedingte Wirklichkeit ist. Ein Streit ist häufig nichts anderes als das heftige Aufeinanderprallen verschiedener Wirklichkeitsideen: So ist es! – Nein, so!

Eines meiner Lieblingsbeispiele hierzu kommt aus meinem Privatleben:
    Es ist November, mein Sohn steht an der Tür – in einem langärmligen T-Shirt. Ich sage: »Zieh' deine Jacke an, es ist kalt!« Schließlich ist es November – es *ist* kalt! Würde *ich* rausgehen, ich würde ohne Jacke frieren. Mein Sohn *nicht*! Er spielt Fußball, er bewegt sich, während ich wahrschein-

lich bibbernd auf einer Bank sitzen würde. Im Grunde sage ich also: »Zieh' *du* die Jacke an, *mir* ist kalt!« Das ergibt keinen Sinn!

Unsere unterschiedlichen Wahrnehmungen führen zu unterschiedlichen Sichtweisen. Welche ist richtig? Meine, weil ich die Mutter bin? Nein! Was ich sagen kann, ist dieses: »Nimm die Jacke bitte mit, weil du nach dem Fußballspielen schwitzen wirst. Dann solltest du es warm haben!«

Eine unserer Lieblingsbeschäftigungen:
Unsere Wirklichkeiten auf die von anderen
stülpen und sagen: »So ist es!«

> Es gibt keine absolute Wirklichkeit, sondern nur eine von uns konstruierte Wirklichkeit.
>
> Wer sich selbst und die Welt auf immer gleiche Weise betrachtet, wird immer das Gleiche tun. Wer etwas verändern möchte, muss es anders sehen können.

Das kann Coaching to go nicht

Natürlich ersetzt ein Kurzcoaching keinen längeren Coaching-Prozess! Ich sehe Coaching to go als Impuls, als schnelle Sofortmaßnahme, wenn nicht mehr Zeit oder eine Situation akut ist.

Allerdings habe ich schon oft erlebt, dass es für manchen so hilfreich war, dass er danach keine weitere Unterstützung mehr brauchte. Manch anderer hat sich danach auch dazu entschlossen, sein Problem ernst zu nehmen und ihm mehr Zeit zu widmen. Hier war Coaching to go dann ein wichtiger Anstoß, Verantwortung für die Situation zu übernehmen.

Seien Sie nicht ungeduldig mit sich! Geben Sie sich Zeit und holen Sie sich eventuell Unterstützung von einem Coach oder Therapeuten. Manchmal braucht es ein Gegenüber, einen Sparringspartner, um auf andere Sichtweisen zu kommen. Und manchmal tut es einfach nur gut zu reden!

Die meisten Coaches bieten kostenlose und unverbindliche Erstgespräche an – nutzen Sie das, um herauszufinden, ob Sie mit ihm zusammenarbeiten möchten.

Auch bei Therapeuten können Sie Probestunden in Anspruch nehmen, bevor Sie sich endgültig für einen entscheiden.

▸ Coaching to go ersetzt kein Coaching!

Irrtümer über sich selbst, andere und die Welt

So, wie wir fühlen und denken, schauen wir auf uns selbst und die Welt. Dabei nehmen wir oft an, jeder andere würde ganz genau das Gleiche sehen und empfinden – Irrtum!

Ich erlebe in meiner Praxis immer wieder, wie Menschen es sich und anderen schwer machen, indem sie auf eine bestimmte Weise auf sich, auf andere und die Welt schauen. Ich habe diese Sichtweisen »Irrtümer« genannt, denn es sind bloße Sichtweisen – nichts, was wirklich *ist*. Das heißt nicht, dass wir sie nicht als real erleben. Im Gegenteil! Wir erleben sie sogar als sehr real und können uns gar nicht vorstellen, dass es noch eine andere Sichtweise gibt, die Dinge zu sehen.

Diese Sichtweisen zeigen sich häufig in der Art, wie wir sprechen. Wir benutzen dann unbewusst bestimme Worte oder Sätze. Das tun wir – ebenso unbewusst – immer und immer wieder und manifestieren unsere »Irrtümer« damit. Sie werden dadurch für uns immer realer, bis wir uns gar nicht mehr vorstellen können, dass es jenseits davon noch eine andere Realität gibt.

Die in meiner Praxis am häufigsten vorkommenden Irrtümer habe ich in diesem Buch versammelt. Dabei handelt es sich um typische immer wiederkehrende Sätze, die unbewusst von meinen Klienten ausgesprochen werden.

Jedem dieser Sätze habe ich ein Kapitel gewidmet und zu jedem biete ich Ihnen einfache und effiziente Kurzcoachings, die Sie bei sich oder auch bei anderen anwenden können. Einige Sätze kennen Sie vielleicht von sich selbst, andere eher von Ihrem Partner, Freunden oder jemandem aus Ihrer Familie. Manche bespreche ich allgemeiner, andere anhand von konkreten Beispielen aus meiner Coaching-to-go-Praxis.

Sie werden feststellen, dass es zum Thema »Überforderung« gleich mehrere »Irrtümer« gibt. Das liegt daran, dass Überforderung zurzeit eines der größten Probleme darstellt. Entsprechend zeigt sich dies in der alltäglichen Sprache: »Das schaffe ich nie!«, »Immer ich!« oder das mittlerweile gern im Chor gesprochene »Ich hab' gerade so viele Baustellen!« Auch das Thema »Ahnungslosigkeit« kommt dreimal vor, spiegelt es doch eine Gesellschaft, die sich als Opfer der Umstände fühlt und keine oder nur wenig, und dann nur ungern, Verantwortung übernimmt.

Aber: So sehr die Themen einander ähneln – meine Herangehensweise ist jedes Mal anders! Denn in diesem Buch möchte ich die gesellschaftlich relevanten Themen nicht theoretisch abhandeln, sondern Ihnen einen ganz praktischen Einblick in unpraktisch-verfahrene Situationen geben, die sich – je nach Irrtum – immer wieder überraschend und individuell lösen lassen.

Zu guter Letzt: Ich habe die Kapitel extra kurz gehalten, für jedes brauchen Sie nur wenige Minuten Lesezeit. Coaching to go eben! Viel Spaß!

Wie Sie dieses Buch benutzen können

Irrtümer über sich selbst

Betrachten Sie das Inhaltsverzeichnis. Welchen Satz kennen Sie von sich? Lesen Sie dieses Kapitel!

Oder lesen Sie einfach quer und beobachten Sie mal, was Sie »anspringt«, was Sie inspiriert, etwas anders zu sehen und zu tun.

In jedem Fall: Lassen Sie die Worte auf sich wirken, gehen Sie gedanklich ein bisschen spazieren mit diesen – vielleicht neuen Gedanken und Gefühlen. Versuchen Sie, Ihre Gedanken nicht gleich zu bewerten, geben Sie sich Zeit. So kurz der Impuls auch ist – Veränderung braucht Zeit. Wenn Sie etwas berührt hat, können Sie sicher sein, dass Ihr Unterbewusstsein schon auf Hochtouren arbeitet. Was es nicht mag, ist, bei der Arbeit gestört zu werden.

Irrtümer über andere

Wahrscheinlich kommt Ihnen der eine oder andere Satz bekannt vor, weil Sie ihn von Ihrem Partner, Freunden, Kollegen oder jemandem aus Ihrer Familie gehört haben. Dann können Sie sich Ideen holen, wie Sie in Zukunft anders mit jenen umgehen können. Bitte seien Sie behutsam, wenn Sie mit anderen darüber sprechen! Ein Überfall à la »Jetzt weiß ich, warum du immer …!« oder »Du musst in Zukunft einfach nur …« ist kontraproduktiv. Vergessen Sie nicht: Alle Irrtümer werden von denjenigen als real erlebt und sind in den Augen derer, die sie zum Gesetz erhoben haben, eben nicht einfach so aus der Welt zu schaffen. Wer sich als problematisch erlebt, möchte nicht hören, dass er eigentlich kein Problem hat, sondern nur die falsche Sichtweise. Und sicher möchte derjenige nicht kurz darauf von Ihnen die Lösung präsentiert bekommen!

Nehmen Sie dieses Büchlein zur Hand, wann immer Sie das Gefühl haben festzustecken und ein paar neue Impulse brauchen. Und schenken Sie es all jenen, von denen Sie glauben, dass sie sich ein bisschen irren …

Ich wünsche Ihnen viele neue Impulse!

PS
Liebe Männer! Obgleich das Buch sich in erster Linie an Frauen richtet, habe ich alle Sätze gleichermaßen auch schon von Männern gehört. Sie können es also ruhig lesen!

Die Irrtümer

1. Warum ist das bloß so?

Warum hetze ich mich immer so? Warum esse ich so viele Süßigkeiten? Warum hat er das gesagt?

Ich eröffne die Liste der Irrtümer mit einem sehr weitverbreiteten Irrtum. Nämlich dem, dass es wichtig ist zu wissen, warum etwas so ist, wie es ist.

Die Idee dahinter ist meistens folgende: Wenn ich erst die Ursache kenne, kann ich das Problem beheben. Das ist ein Irrtum! Oft ist die Ursache für die Lösung eines Problems sogar völlig unbrauchbar!

Der Systemiker Gunthard Weber brachte dieses Phänomen auf eine einfache Formel:

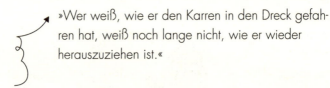

»Wer weiß, wie er den Karren in den Dreck gefahren hat, weiß noch lange nicht, wie er wieder herauszuziehen ist.«

So, wie Sie hineingefahren sind, kommen Sie eben nicht einfach wieder heraus. Der Karren steckt fest – da braucht es andere, neue Lösungen jenseits der Ursache.

Menschen sind keine Autos. Und doch fahren viele von uns in die Werkstatt zum Mensch-Mechaniker (= Coach): »Da vorne kommen so komische Geräusche heraus! Können Sie mal nachsehen, warum das so ist?« – »Das ist Ihr Mund! Ich kann Ihnen bis morgen einen neuen einbauen!«

Menschen sind ein nicht-lineares Wirrwarr aus verschiedenen Systemen, die nicht vorhersehbar miteinander agieren. Da gibt es keine Lösung, die auf einer einzigen Ursache basiert. Da ist ein Warum geradezu lächerlich.

Warum also immer dieses Warum?

Nun, wir leben im Zeitalter der Aufklärung. Unsere Religion ist die Analyse, das Durchdringen und Durchschauen, das permanente Nach-Gründen-Suchen. Wir sind Kopfmenschen und als solche schauen wir auf die Welt (siehe auch Seite 23ff.).

Im Fall: »Warum?« schauen und »fühlen« wir mit dem Kopf (als ob das ginge!), und das ziemlich oft: Unsere Kopfperspektive ist auf Autopilot, produziert ein Warum nach dem anderen, ohne sich zu fragen, ob das überhaupt zu etwas führt. *Das* wäre dann einmal eine andere Perspektive: Was, außer »Warum?«, könnte ich mich denn noch fragen? Alles!

Nehmen wir das Beispiel von Seite 29: »Warum hetze ich mich immer so?« – und fragen Sie einfach munter drauflos:

Was meine ich denn überhaupt mit »hetzen«?
Was könnte ich stattdessen sagen?
Was genau fühle ich, wenn ich mich hetze?
Wie geht es mir damit, wenn ich mich immer wieder frage, warum ich mich so hetze?
Ist es vielleicht manchmal auch in Ordnung, sich zu hetzen?
Was denke ich über mich, wenn ich mich so hetze?
Was denke ich über die anderen, über die ganze Welt?
Was bezwecke ich damit?
Was wäre anders, wenn ich mich nicht hetzen würde?

All diese Fragen führen in eine neue Richtung! Natürlich, wir benutzen hier ebenfalls für die Antworten unseren Kopf, aber wir gebrauchen ihn *anders*. Wir schicken ihn auf diese Weise nicht auf die alten, abgetrampelten »Warum-Pfade«, sondern lassen ihn neue Wege gehen – Lösungswege.

Und das gibt uns Energie! Denn:

Je mehr Zeit wir in die genaue »Warum-und-wieso-Analyse« investieren, desto mehr Zeit verbringen wir mit unserem Problem und umso mehr Aufmerksamkeit und Energie schenken wir ihm.

Ergo: Je weniger Zeit wir in die genaue »Warum-und-wieso-Analyse« stecken, desto mehr Zeit können wir mit unserer Lösung verbringen und umso mehr Aufmerksamkeit und Energie können wir der Lösung schenken.

Ja, werden Sie zu Recht einwenden, manchmal muss man aber schon nach dem Warum fragen. Ja, manchmal macht es durchaus Sinn, nach den Ursachen zu schauen. Aber eben nicht immer und vor allem nicht grundsätzlich.

Am Ende des Tages führen uns alle Warum-Fragen auf eine Spur: unsere Vorfahren.

»Warum hetze ich mich immer so?«

»Weil Mama ... weil ihr Vater ... weil er im Krieg ... weil Papa ... weil seine Eltern ... weil deren Eltern ...«

Diese Spur ist zweifellos interessant und ergiebig – nur ob sie zur Lösung führt, das ist nicht sicher.

Ein kluger Kopf, dessen Name mir leider entfallen ist, formulierte dazu diese wunderbare Frage, die Sie sich ab jetzt immer stellen können, wenn Ihnen ein Warum auf den Lippen liegt: »Wie viel Problem braucht die Lösung?«

Und ein anderer kluger Kopf schrieb folgendes Gedicht, mit dem ich dieses Kapitel abschließe, wohl wissend, dass es dazu noch so viel zu sagen gäbe. Warum auch nicht?

Erich Kästner:
Wieso warum?

Warum sind tausend Kilo eine Tonne?
Warum ist dreimal drei nicht sieben?
Warum dreht sich die Erde um die Sonne?
Warum heißt Erna Erna statt Yvonne?
Und warum hat das Luder nicht geschrieben?

Warum ist Professoren alles klar?
Warum ist schwarzer Schlips zum Frack verboten?
Warum erfährt man nie, wie alles war?
Warum bleibt Gott grundsätzlich unsichtbar?
Und warum reißen alte Herren Zoten?

Warum darf man sein Geld nicht selber machen?
Warum bringt man sich nicht zuweilen um?

Warum trägt man im Winter Wintersachen?
Warum darf man, wenn jemand stirbt, nicht lachen?
Und warum fragt der Mensch bei jedem Quark: Warum?*

2. Alles muss ich selbst machen!

Und am Ende bleibt alles an mir hängen!
Und dann ist alles schiefgegangen!
Wenn ich nicht alles selbst mache …

---

* »Wieso warum?« von Erich Kästner aus: Erich Kästner, Herz auf Taille
© Atrium Verlag, Zürich 1928 und Thomas Kästner

2. Alles muss ich selbst machen!

Alles?! Wohl kaum!

Allerdings kann es Menschen manchmal so vorkommen, wenn sie sehr verzweifelt sind. Sie betrachten Ihre Situationen dann mit einem übertriebenen, dramatischen Blick.

Nichts gegen Dramen – ohne wären wir (gefühls)arme Menschen! Nur: In ohnehin schon schwierigen Situationen ist es wenig hilfreich, sie noch zusätzlich auf die Spitze zu treiben. Es sei denn, man dramatisiert, um Aufmerksamkeit zu bekommen, und das geschieht dann meist unbewusst.

Muss X wirklich *alles* selbst machen? Ist wirklich *alles* schiefgegangen? Kaum zu glauben! Wahrscheinlich kommt es allen nur so vor, weil sie eben genau so darauf schauen – weil sie die Lage nicht anders sehen können!

Diese, übrigens recht verbreitete, Art, auf die Welt zu blicken, macht Situationen nur noch schlimmer. Dazu kommt: Sprache ist mächtig! Je häufiger wir diese Worte gebrauchen, desto eher werden sie Teil unserer Wirklichkeit: Wir gewöhnen uns und andere daran – und glauben irgendwann, dass das wirklich so ist.

Was hilft?

Sie ahnen es vielleicht: Differenzieren!

Ein erwachsener Mensch besitzt in der Regel die Fähigkeit, differenziert und realistisch auf etwas zu schauen. Ich sage bewusst »erwachsen«, denn »alles« und »nichts« entspringen dem hilflosen Kind in uns.

Lassen Sie uns einen genaueren Blick auf die Sätze werfen:

1. Und am Ende bleibt alles an mir hängen!

Da spürt jemand ein offenbar großes Gewicht auf seinen Schultern. Das Gewicht (= alles) hängt an ihm, ist also nicht so leicht wieder wegzubekommen. Mögliche Fragen:

Wie groß ist denn das Gewicht? Wie viel wiegt das »alles«, was da an ihm hängt? Wer hat das dahingehängt?
 Und wenn es ein Ende gibt – wie hat es dann angefangen? Wer hat zuerst was dahingehängt? Wer danach?

Der Mensch, an dem alles hängt, scheint ein Opfer dieser »Hängerei« zu sein. Anders gesagt: Was hätte er denn tun können, damit die anderen nichts an ihn dranhängen? Was war sein Beitrag? Lief er vielleicht am Anfang mit einem Schild herum, auf dem stand: »Bitte alles hierhin hängen?«

2. Und dann ist alles schiefgegangen!

Sehr unwahrscheinlich, dass tatsächlich *alles* schiefgegangen ist. Einiges wird wohl geklappt haben! Es hilft, den Blick bewusst und differenziert auf das zu lenken, was (gut) funktioniert hat: Was ist denn *nicht* schiefgegangen? Und was noch? Auf diese Weise nähert sich der Blick an die Realität an. Und

Realität heißt auch, dass manchmal zwar viel schiefgehen kann – aber eben nicht alles.

3. Wenn ich nicht alles selbst mache ...

Dazu ein Beispieldialog aus meiner Praxis:

Ich: »Was würde passieren, wenn Sie nicht alles selbst machen, wenn jemand anderes Ihnen dabei helfen würde?«
Klient: »Dann wird es am Ende nicht so gut.«
Ich: »So gut?«
Klient, lachend: »Na ja, so gut, wie ich es haben will.«
Ich: »Also nur Sie allein können es so machen, dass das Ergebnis gut genug für Sie ist?«
Klient: »Ja, genau.«
Ich: »Dann verstehe ich jetzt sehr gut, warum Sie alles selbst machen müssen!«
Klient: »Warum?«
Ich: »Damit Sie ganz sicher sein können, dass es so gut wird, wie *Sie* das möchten.«
Klient: »Na ja, ganz sicher kann man sich ja nie sein ... Das wäre ja unrealistisch! Aber ich kann mein Bestes geben.«
Ich: »Richtig. Sie können eine Menge tun, damit Sie Ihr Ziel erreichen – aber das ist keine Garantie dafür, dass Sie es erreichen.«
Klient, lacht: »'Ne Garantie gibt's wohl nicht, was?«

Ich: »Nicht, dass ich wüsste. Sie haben anfangs gesagt: ›Wenn ich nicht alles selbst mache, wird das Ergebnis nicht so, wie ich es haben will.‹ Könnten Sie den Satz jetzt einmal anders formulieren?«

Klient: »Schwierig!« (»schwierig« siehe Seite 139f.)

Ich: »Versuchen Sie's!«

Klient: »Also, auch wenn ich alles selbst mache, wird es nicht unbedingt so, wie ich es will.«

Ich: »Na, das klang schon ganz anders! Kriege ich noch einen?«

Klient lacht: »Puh! Na gut: Wenn ... nein, ich fang' anders an: Ich gebe mein Bestes, damit ich mein Ziel erreiche, aber das heißt nicht unbedingt, dass ich es erreiche.«

Ich: »Und was schließen Sie daraus?«

Klient lacht: »Dass ich es gleich bleiben lassen kann! Nein, war nur Spaß! ... Na ja, dass ich nicht alles kann ... Schade eigentlich!«

Ich: »Na ja, vielleicht gibt es ja da draußen irgendjemanden, der Sie ergänzt und Ihnen helfen kann ...?«

Klient, lachend: »Auf gar keinen Fall!!«

Hier hatte jemand die Idee, dass er alles selbst machen muss. Hinter der Verzweiflung darüber steckte die unbewusste Überzeugung, dass, wenn er alles macht, es zum gewünschten Ziel führt. Das ist bei genauerer Betrachtung ziemlich größenwahnsinnig! Seine Angst vor dem Scheitern war so groß, dass er sich selbst übermenschliche Fähigkeiten zuschrieb, um sich sicherer zu fühlen. Jede Einmischung von außen musste ihn da verunsichern – wo er doch der Einzige ist, der alles kann!

Fragen zur Differenzierung:
Was hängt an mir – was an jemand anderem?
Was genau bleibt an mir hängen?
Von wem wurde es dahingehängt?
Welchen Teil muss ich selbst machen und welchen nicht?
Was hat gut funktioniert? Was noch?
Was würde passieren, wenn ich nicht alles selbst machen würde?
Mal angenommen, es gäbe das Wort »alles« nicht – wie würde Ihr Satz dann lauten?

Wenn Sie in Ihrem Umfeld solche »Alles«-Menschen haben, sagen Sie um Himmels willen nicht »So ein Blödsinn!« oder gar »Stimmt doch gar nicht!« Vergessen Sie nicht, dass jene Menschen in diesem Moment wirklich glauben, dass andere »nichts tun können«! Sie können Verständnis äußern, ohne aber deren Blick oder Perspektive auf die Situation zu teilen. Sagen Sie zum Beispiel: »Ich sehe, dass du gerade glaubst, dass alles an dir hängt. Vielleicht finden wir ja gemeinsam noch eine andere Möglichkeit, auf deine Situation zu schauen.«

Okay, das klingt jetzt vielleicht sehr »coachig« ... Ich bin sicher, Sie werden eigene Worte dafür finden! Oder Sie schenken der betreffenden Person dieses Buch.

Tipp

Sammeln Sie Sätze von sich und anderen, in denen das Wort »alles« vorkommt, und unterziehen Sie sie einer genaueren Prüfung. Können Sie jetzt anders darauf schauen?

3. Ich kann nichts

… und dann ging nichts mehr!
Da kann man nichts mehr machen.
Ich kann da gar nichts tun.

3. Ich kann nichts

Wie bei »alles« (siehe Seite 34ff.) ist dieser Blick auf die Welt übertrieben und unrealistisch und entspringt einer tiefen Verzweiflung und einem sehr festen Glauben an ein Bild, das man von sich hat.

Kann Hannelore wirklich *nichts*? Ging bei Peter tatsächlich *nichts* mehr? Kann der arme Paul gar *nichts* mehr tun?

Klar ist hier nur: Alle können gerade nicht anders auf ihre Situation schauen und empfinden sich deshalb als handlungsunfähig.

Dieser übertriebene Blick wird gern in der Werbung genutzt. Das klingt erst einmal gut, aber dann ... Hierzu zwei Beispiele:

Nichts bewegt Sie wie ein Citroën.
Nichts ist erotischer als Erfolg.

Hier wird besonders deutlich, dass diese Ausschließlichkeit nicht haltbar ist. Es handelt sich um bloße Behauptungen, die bei näherer Betrachtung alle möglichen weiteren Sichtweisen zulassen. Fragen Sie sich:

Was könnte Sie denn noch bewegen wie ein Citroën (beachten Sie die Doppeldeutigkeit!)? Was alles ist noch erotisch außer Erfolg? Ich bin sicher, Sie finden ein paar Antworten!

Ebenso können Sie auf obige Sätze anders schauen. Betrachten Sie sie spaßeshalber einmal als bloße Behauptungen, die zunächst jeder Grundlage entbehren.

Ich kann nichts

Selbst wenn ein Baby diesen Satz von sich geben könnte – er würde nicht stimmen. Natürlich kann es noch nicht sprechen, aber es kann schon eine Menge anderer Dinge – je nachdem, wie alt es ist. Wenn also ein Erwachsener von sich behauptet, er könne nichts, kann das nicht stimmen. Schließlich hat er schon ein paar Jahre auf Erden zugebracht und sich dabei so einige Fähigkeiten erworben. Nur sieht er das jetzt in diesem Moment nicht. Vielleicht möchte er gerade verzweifelt sein, dann ist der Blick genau richtig – und ich finde, jeder hat das Recht, ab und zu verzweifelt zu sein! Falls er aber möchte, dass es ihm wieder gut geht, sollte er seinen Blick ganz bewusst auf das lenken, was er schon kann. Es ist übrigens absolut zulässig, auch andere ins Boot zu holen. Er könnte andere fragen, was sie meinen, was er besonders gut kann. Ein kurzer Rundruf bei Familie und Freunden wirkt hier Wunder!

Mal angenommen, Sie könnten doch irgendetwas tun – was könnte das sein? Machen Sie eine Liste und überprüfen Sie anschließend, welche der Möglichkeiten praktikabel sind. Wenn Sie alleine nicht weiterkommen, holen Sie sich Unterstützung!

4. Immer ich!

Roswitha und Michael in ihrem »Raum«

»Und am Ende bin dann immer ich die-/derjenige, die/der…
A den Urlaub bucht.
B seinen Schreibtisch aufräumt.
C die Präsentation schreibt.
D jeden Tag kocht.«

»Immer ich« kann man auf verschiedene Arten sagen: (an-)klagend, seufzend, resigniert, frustriert. Es gibt noch eine Variante, die uns auf eine gute Spur führt:
  Menno!! Immer muss ich Zähne putzen!!!!!!!!!
Hier haben wir den Ausruf eines, sagen wir, vierjährigen Kindes, das stinksauer ist, weil es etwas tun soll, was es nicht tun möchte. Es sagt »immer«, weil es noch nicht in zeitlichen Kategorien denkt. Es kommt ihm vor wie immer. Wenn

Erwachsene »immer« sagen, sollten sie daher immer (!) gut prüfen, ob es wirklich immer ist – oder ob es ihnen nur so vorkommt. Erwachsene meinen mit »immer« meistens: »(sehr) oft« – und das ist ein Unterschied!

Meine ich wirklich »immer«, wenn ich »immer« sage?
Die eigenen Bedürfnisse erspüren und formulieren
Ein Quadrat aufmalen und einteilen: Wer macht wie viel?

1. Fragen: Will ich/willst du diese Aufgabe überhaupt abgeben (weniger Raum nehmen)?
2. Konkretisieren: Was genau möchte ich/möchtest du tun?

Bei Interessenskonflikten: verhandeln!

Beruflich: Aufgaben und Rollen klären.

Statt jammern: Mit demjenigen reden (!), den es betrifft.

Wenn Erwachsene »immer« sagen und »oft« meinen, legen sie kindliche Verhaltensweisen an den Tag und ebnen damit den Weg für eine kindliche Unterhaltung, die im Prinzip häufig so abläuft:

4. Immer ich!

Immer ich!
Stimmt gar nicht!
Stimmt wohl!!
Gar nicht!!!
Blöde Kuh!
Selber blöde Kuh!
Doppelt blöde Kuh!!
Dreimal blöde Kuh!!!
Und so weiter ...

Allerdings – Vierjährige können etwas ganz Tolles, was Erwachsene oft nicht mehr können: Sie können sehr gut unmittelbar und zeitnah ihre Gefühle fühlen und sie ausdrücken.

Was Erwachsene wiederum sehr gut können, ist ihren Gefühlen Worte zu verleihen. Also sagen, was sie wütend macht – ohne die Bude zusammenzuschreien. Das heißt, viele können es eben nicht und behalten ihre Bedürfnisse stattdessen für sich, so lange, bis sie platzen. Denn im Grunde geht es hier um die eigenen Bedürfnisse, die unausgesprochen bleiben, bis sie sich zu einem großen Klumpen zusammengeballt haben, der den anderen dann meist völlig unvorbereitet und überraschend trifft.

So hat Roswitha ungefragt alle Urlaube gebucht, obwohl sie sich im Stillen gewünscht hat, Michael würde dies auch einmal übernehmen oder mit ihr gemeinsam tun. Nur weiß Michael davon leider nichts, bis Roswitha ihn anbrüllt, immer müsse sie das tun, und er könne ja auch einmal ...

Roswitha denkt: Weil Michael es nicht tut, muss ich es machen. So geht es vielen »Immer Ich«-Sagern. Sie denken: *Ich muss es tun, weil der andere es nicht tut. Ich muss es tun, sonst wird es nicht getan.* So übernehmen sie Aufgaben für andere, überfordern sich, handeln gegen sich. Bis das dann irgendwann in Wut umschlägt, ist eine Frage der Zeit.

Erschwerend kommt hinzu, dass es für andere recht angenehm ist, wenn sie etwas für einen tun, was man selbst nicht tun möchte! Warum also etwas ändern?

Und so wird es wahrscheinlich so weitergehen, dass der eine stets ein bisschen zu viel macht und der andere zu wenig.

Das Bild auf Seite 47 veranschaulicht das Ungleichgewicht, hier im Fall Roswitha und Michael.

Nehmen wir an, das Quadrat symbolisiert den Raum von Roswitha und Michael in Bezug auf »Urlaub buchen«. Michael hat gerade noch Platz, um zum Beispiel »Spanien, schön!« zu sagen. Wäre Roswitha damit einverstanden, wäre alles in Ordnung. Ist sie aber nicht! Sie möchte, dass Michael mehr macht. Da sie aber alle Urlaube bucht, ist der Raum von ihr fast vollständig besetzt: Michael hat keinen Platz! Wenn sie also möchte, dass Michael mehr macht, muss sie ihm Raum überlassen.

Nun wird es spannend: Will sie das überhaupt? Vielleicht möchte sie ja alle Entscheidungen selbst treffen? Vielleicht hat sie Angst, dass sie sonst nach Lappland fahren muss? Vielleicht denkt sie, dass Michael nicht so gut Reisen buchen kann (was zu überprüfen wäre)? Vielleicht möchte sie von

Michael dafür anerkannt werden, dass sie so tolle Urlaube bucht?

Die wichtigste aller Fragen lautet: Will ich überhaupt Raum abgeben??

Vielleicht stellt sich heraus, dass man gern das Steuer in der Hand hält, was dann zur Folge hat, dass man eben viel Raum besetzt. Dass man dann meistens mehr tut als der andere, ist sozusagen der Preis, den man dafür zahlt, dass man die wesentlichen Entscheidungen trifft und es genau so wird, wie man das möchte.

Nehmen wir einmal an, Roswitha möchte wirklich mit ihm gemeinsam die Urlaube buchen – wie könnte sie ihm Raum überlassen? Was könnte sie tun?

Nun, sie könnte für Michael zum Beispiel ein einfaches Bild skizzieren:

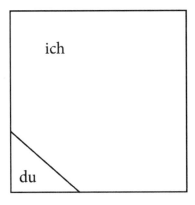

Sie könnte ihm sagen, dass sie diesen Raum gern mehr mit ihm teilen möchte, und ihn fragen, wie viel Raum er gern hätte und was das dann konkret bedeuten würde:

»Wie würdest du gern zu unserem Urlaub beitragen?«
»Was möchtest du, dass ich tue?«
»Wie sieht unser Raum dann aus?«
»Sind wir beide so zufrieden?«.

Roswitha und Michael könnten dann in Ruhe darüber verhandeln, wer was macht.

Und das können Sie auch tun: ein Quadrat aufzeichnen, den Platz darin aufteilen und erst mit sich selbst, dann mit dem anderen »Bewohner« darüber sprechen. Falls Ihnen das zu albern ist, können Sie die Fragen natürlich auch ohne das Bild stellen. Bedenken Sie aber, wie einfach es für Sie gewesen ist, die Situation anhand des Bildes zu verstehen.

Auch Hannes könnte dieses Bild benutzen, um sich zu vergegenwärtigen, wie viel Raum er einnimmt, wenn »immer er« die Präsentation vorbereitet. Statt wieder bei seiner Frau darüber zu jammern, dass immer er dafür zuständig ist, könnte er sich fragen, ob er diesen Raum überhaupt aufgeben möchte. Vielleicht möchte er die Präsentationen ja genau so haben, wie er will – dann müsste er die Raumhoheit behalten – und sie weiterhin übernehmen. Wenn er sich sicher ist, dass er den Raum wirklich teilen möchte, kann er sich fragen, wie viel Raum er haben möchte und was das konkret bedeutet. Dann kann er mit seinen Kollegen verhandeln: Wer macht was? Solange er selbst unklar ist, kann er seine Grenzen weder wahren noch Land abgeben. Die anderen profitieren davon, dass der Raum – beziehungsweise die Aufgaben und Rollen – unklar verteilt sind.

Noch einen anderen Aspekt des »Immer ich« möchte ich beleuchten:

»Immer ich« trifft oft nicht die, die es betrifft!

Oft sind es die Freunde und Freundinnen, die sich immer (!) wieder anhören müssen, dass man ständig alles selbst machen muss und X und Y mal wieder nichts getan haben. Die »Angeklagten« ahnen es vielleicht, wissen aber nichts Genaues, zumindest nicht, wie schlimm das für den anderen ist. So ahnt A beispielsweise, dass B irgendwie sauer ist, möchte sich damit aber jetzt nicht so gern befassen und beschließt, dass er mit seinen Vermutungen ja vielleicht auch falsch liegen könnte und B einfach nur einen schlechten Tag hat.

Ein weiterer Lösungsschritt ist also, mit dem Betreffenden zu sprechen.

Aber das ist manchmal nicht so leicht, zumal wenn einem der Kragen platzt. Am besten redet man also, solange man noch reden kann. Wie ich oben bereits sagte: die eigenen Bedürfnisse erfühlen und zeitnah aussprechen. Wenn diese Phase bereits lange zurückliegt ... tja, dann läuft es oft so:

Franziska hat gerade gefühlt zum 100. Mal die Papiere Ihres Mannes weggeräumt, damit sie Platz auf dem Tisch hat. Das tat sie schweigend und wütend und als ihr Mann ins

Zimmer kam, war sie dementsprechend geladen: »Immer muss ich den Schreibtisch aufräumen! Immer ich!!«

Das ist nicht »reden«, sondern ein Wurfgeschoss zur Kampferöffnung – ein Vorwurf. Auf einen Vorwurf folgt in der Regel Flucht oder Verteidigung, und so wird ihr Mann vielleicht antworten: »Ich wollte ja gerade, aber ...« Oder: »Reg dich doch nicht gleich so auf! Also wirklich, so schlimm ist das doch nicht!«

Nun wird Franziska sicher nicht sagen: »Stimmt, mein Schatz, du hast recht, ist ja nur ein Schreibtisch!« Eher wird sie sich noch mehr aufregen, weil sie sich nicht gesehen fühlt. Und ihr Mann wird weiter versuchen, ihren Vorwurfgeschossen auszuweichen, indem er in Deckung geht, sich verteidigt, zum Gegenangriff ausholt.

Man kann davon ausgehen, dass Franziska auf diese Weise nicht zu ihrem Ziel kommt, sondern im Gegenteil das Wort »immer« von Mal zu Mal einen realistischeren Geschmack entwickelt. Und man kann davon ausgehen, dass sich das bei vielen »Immer ich«-Situationen ähnlich abspielt.

Hier hilft es, zu einem späteren Zeitpunkt, wenn die Wut verdampft ist, das Gespräch in Ruhe auf das Thema zu bringen. Das ist nicht einfach, aber es lohnt sich! Dabei ist übrigens dann das Raumbild (Seite 47) sehr hilfreich!

5. Das schaffe ich nie!

Vorausgesetzt, man möchte – was auch immer – nie schaffen, ist dieser Satz perfekt. Hierbei handelt es sich nämlich um ein hochwirksames Mantra, das man sich immer dann sagen kann, wenn man sich schlecht fühlen möchte.

Probieren Sie es gleich aus! Denken Sie an etwas, was Sie in der nächsten Zeit schaffen möchten ... Haben Sie etwas? Jetzt wiederholen Sie stoisch immer wieder diesen Satz:

Das schaffe ich nie! Das schaffe ich nie! Das schaffe ich nie! Das schaffe ich nie! Das schaffe ich nie! Das schaffe ich nie! Das schaffe ich nie! Das schaffe ich nie! Das schaffe ich nie! Das schaffe ich nie! Das schaffe ich nie!

Und, wie geht es Ihnen jetzt? Schlecht? Prima! Dann hat dieses Sätzchen sein Ziel erreicht, nämlich dass Sie Ihr Ziel auf gar keinen Fall erreichen. So beißt sich die Katze in den Schwanz! Die innere Überzeugung, es nicht hinzukriegen, führt zu einem diffusen Unwohlsein, das jegliche Tatkraft im Keim erstickt. Der Beweis ist erbracht: Ich schaffe es nie! Wer also stehen bleiben möchte, der sage sich diesen Satz so oft es geht.

Nun möchten Menschen ja nicht unbedingt willentlich und bewusst stehen bleiben. Oft sind es biografische »Fesseln«, die uns hindern weiterzugehen – es zu schaffen. Vielleicht haben Vater und/oder Mutter (oder eine andere Person, die für unser Leben bedeutsam war) das Fundament zu dieser Angst gelegt. Zum Beispiel indem sie selbst ängstlich waren. Ich bin selbst immer wieder erstaunt darüber, wie sehr solche »Familien-Mantras«, die wir als Kinder verinnerlicht haben, in unserem Erwachsenenleben weiterwirken und uns ausbremsen. Nichtsdestotrotz: Das jetzt auszuführen sprengt den Rahmen dieses Buches und führt darüber hinaus auch nicht immer zur Verbesserung der Situation (siehe auch Kapitel »Warum ist das bloß so?«, Seite 29). Deshalb zeige ich Ihnen jetzt, wie Sie ein hochwirksames Gegenmantra entwickeln können. Damit es für Sie nachvollziehbarer wird, erläutere ich es Schritt für Schritt am Beispiel von Frau K.

Frau K. sollte einen Vortrag halten und informierte mich bereits in den ersten fünf Minuten unseres Gesprächs darüber, dass sie das *niemals schaffen* würde. Dabei sah sie sehr unglücklich aus. »Den Vortrag überhaupt zu halten?«, hakte ich nach. »Na ja«, sagte sie, »einen guten Vortrag zu halten.« – »Wann ist er denn Ihrer Meinung nach gut?«, fragte ich, denn »gut« ist ein sehr dehnbarer Begriff. Wir sprachen also darüber, was für sie ein guter Vortrag ist. Anders gesagt: Ich unterstützte Frau K. dabei, ihr Ziel ganz genau zu formulieren, und so klang es: »Ich möchte souverän auf dem Podium stehen und frei sprechen.«

1. Schritt: Formulieren Sie das Ziel, das sie erreichen möchten, so genau wie möglich und sprechen Sie es im Anschluss laut aus.

Ob Frau K. dieses Ziel auch erreichen könnte, war zu diesem Zeitpunkt noch nicht klar. Frau K. sah jetzt allerdings schon deutlich frischer aus als zu Beginn. Darauf angesprochen, sagte sie, dass es ihr gutgetan habe, es jemandem so konkret mitzuteilen. (Also bitte: Stellen Sie sich vor den Spiegel oder Ihre Freundin und sprechen Sie Ihr Ziel aus!)

Nun stellte ich Frau K. eine Frage, mit der sie nicht gerechnet hatte. Auf ein Flipchart schrieb ich: *Was könnten Sie tun, damit Sie garantiert nicht souverän auf dem Podium stehen und frei sprechen?*

2. Schritt: Was könnten Sie tun, damit Sie Ihr Ziel garantiert nicht erreichen?

Frau K. schaute mich fragend an: »Hä?! Keine Ahnung!«
»Alles ist erlaubt«, sagte ich.
»Okay, na ja, ich könnte meinen Vortrag in ganz kleiner Schrift ganz eng aufs Blatt quetschen und dann ablesen. Da würde ich bestimmt nicht sehr souverän rüberkommen!« Frau K. lachte, ich schrieb. So entstand folgende Liste:

- Vortrag in sehr kleiner Schrift eng aufs Blatt quetschen
- Vortrag ablesen
- Leute nicht anschauen
- Unbequeme Kleidung tragen
- Total aufgeregt sein, nicht atmen können
- Mich nicht vorbereiten
- Nicht rechtzeitig fertig werden, mich hetzen
- Mich vorher verrückt machen
- Denken, dass ich es nicht schaffe
- Denken, dass ich blöd bin
- Denken, dass die Leute mich blöd finden

»Jetzt wissen wir, was Sie tun können, um genau das Gegenteil von dem zu erreichen, was Sie möchten – nun drehen wir das Ganze um!«

Gemeinsam gingen wir jeden einzelnen Punkt durch und überlegten Alternativen, die sie ihrem Ziel näherbringen würden. Frau K. schrieb eine neue Liste auf Basis der alten:

- Vortrag in großer Schrift mit großem Zeilenabstand auf Karteikarten schreiben
- Vortrag nicht komplett aufschreiben, nur Stichworte (Struktur)
- Leute anschauen – mir ein paar aussuchen, die ich direkt anschaue
- Lieblingshose anziehen (Reinigung!!)
- Am Anfang sagen: Ich bin ein bisschen aufgeregt …
- Timing erstellen, als wäre es ein Job
- Deadline zwei Tage vorher, Pausen einbauen und einhalten!!!
- Notfall-Telefon: Pia fragen (immer anrufen, wenn Panik)
- An Situationen denken, in denen ich schon ganz anderes geschafft habe
- Warum sollten die Leute mich blöd finden? Die kennen mich doch gar nicht! Die Leute sind neugierig auf meinen Vortrag und freuen sich darauf.

> 3. Schritt: Jeden einzelnen Punkt auf der Liste umdrehen und ein *machbares* Gegenteil formulieren, also etwas, das Sie auch wirklich selbst tun können oder das jemand anderes auch wirklich für Sie tun kann. Tipp: Zu zweit kommen noch mehr Ideen!

Im Anschluss legten wir das konkrete Timing fest, inklusive Pausen. Nun war das Ziel nicht nur erreichbar geworden, Frau K. hatte jetzt ganz konkrete Schritte, die Sie sofort gehen konnte. Jetzt konnte sie aktiv werden …

6. Ich hab' grad so viele Baustellen …

Ach, in meinem Leben gibt es gerade so viele Baustellen!
Ich weiß gar nicht, wo ich anfangen soll!

In der Tat – mit diesem Blick aufs Leben kann man nirgendwo anfangen!

Falls der Betreffende nicht genau das damit bezweckt, nämlich nirgendwo anzufangen (das kann durchaus sein!), hilft folgende Blickveränderung:

Was ist eine Baustelle? Oder besser:
Was alles kann eine Baustelle sein?

- Ein Stück Land, auf dem ein Haus entstehen soll
- Ein ausgehobener Keller
- Ein noch unbebautes Grundstück, das man bereits besitzt
- Ein Haus, auf das man sich freut
- Ein Haus, dem noch der Anstrich fehlt
- Ein Haus, dem noch das Dach fehlt
- Richtfest
- Ein zweistöckiges Haus, bei dem der dritte Stock noch fehlt
- Ein Haus, das es bislang nur im Kopf oder auf dem Plan gibt

Worauf ich hinauswill: Eine Baustelle ist niemals nur eine Baustelle, sondern ein Projekt in unterschiedlichen Phasen. Dabei kommt dem Wörtchen »noch« eine große Bedeutung zu! Wenn das Haus *noch* nicht steht, heißt das, dass es irgendwann dort stehen wird – wenn man das möchte.

Drei »Baustellen-Sofortmaßnahmen«, die Ihren Blick verändern

Sie können chronologisch vorgehen oder sich einen Punkt herausgreifen, der Ihnen sinnvoll erscheint:

1. Ist das überhaupt »meine Baustelle«?

Meine ich vielleicht nur, dass das mein Projekt ist? Auch wenn es zunächst etwas komisch klingt – denn in Ihrer Wirklichkeit sind ja *alles* (siehe Seite 34ff.) Ihre Baustellen – denken Sie in Ruhe darüber nach, welche tatsächlich nur *Ihre Baustellen* sind und welche Ihnen womöglich gar nicht allein gehören. Vielleicht werden Sie dabei feststellen, dass bei einigen Ihrer Vorhaben andere involviert sind, die Sie unterstützen könnten. Lassen Sie sich helfen! Sie sind auch danach noch ein fleißiger Mensch, versprochen!

2. Auf welcher »Baustelle« möchte ich jetzt arbeiten?

Welches meiner Projekte möchte ich jetzt angehen? Listen Sie alle Ihre Projekte auf und entscheiden Sie, welches die wichtigsten sind. Eine Skalierung von 0 (gar nicht) bis 10 (sehr gern/sehr wichtig) wird Ihnen dabei helfen!

3. In welcher Phase befinden sich meine ausgewählten »Baustellen« jeweils?

Notieren Sie, in welchem Bauabschnitt Sie sich jeweils gerade befinden. Sie werden feststellen, dass Sie nicht alle Häuser komplett (neu) bauen müssen! Was ist schon da? Was genau fehlt? Sie können bei dem Haus-Bild bleiben oder auch hier eine Skala verwenden: 0 (da ist noch gar nichts) bis 10 (geschafft!)

4. Was genau will ich bauen?

Was genau müssen Sie tun, damit aus der Baustelle ein schönes Haus wird? Was brauchen die Projekte, damit sie an Tag X (den Sie bitte festlegen!) fertig sind?

Ich skizziere an dieser Stelle einen kurzen Gesprächsverlauf, der bei dem sehr verzweifelten Klienten plötzlich für Heiterkeit sorgte, was ihm half, einen Moment lang gelassen auf seine Baustellen zu schauen, was ihm wiederum half, insgesamt heiterer und lockerer zu werden:

Klient (klagend): »Ach, in meinem Leben gibt es gerade so viele Baustellen! Ich weiß gar nicht, wo ich anfangen soll!«
    Ich: »Da bin ich jetzt aber ein bisschen neidisch – so viele Baustellen! Das heißt, dass Sie bald ganz viele Häuser besitzen!«
    Klient (lachend): »Genau! So kann man es auch sehen!«

7. Mir wächst alles über den Kopf!

»Mir wächst alles über den Kopf!«,
sagte der Bonsai zur Palme.
»Kein Wunder«, sagte die Palme.
(Kein chinesisches Sprichwort)

Da kommt eine hübsche Mittvierzigerin in meinen Laden und erzählt von ihren vielen unerledigten Projekten, und ... alles Weitere möchte ich Ihnen gern ein bisschen anders erzählen, bildlicher ...

Während sie spricht, wuchert und wächst es aus ihr heraus, um sie herum – und vor allem: über sie drüber! Nach etwa zehn Minuten kann ich sie kaum noch sehen vor lauter

7. Mir wächst alles über den Kopf! 61

Gewächs. Hin und wieder streicht sie eine Ranke aus ihrem Gesicht, zupft eine große Blüte ab, aber es hilft nichts: Nach einer Viertelstunde ist sie komplett zugewachsen, die Pflanzen reichen bis unter die Decke und wachsen unaufhörlich weiter. Meine Klientin verschwindet dahinter. Ich mache mir Sorgen.

Sie macht sich offenbar auch Sorgen. Je mehr Sorgen sie sich macht, desto weiter wächst es. Ich kann es sehen. Ich könnte jetzt ihre Sorgen thematisieren, aber angesichts meines zugewachsenen Gegenübers scheint es mir sinnvoll zu sein, im botanischen Garten zu bleiben.

Ich denke nach: Da wächst etwas – einfach so?

Meines Wissens brauchen Pflanzen Wasser zum Wachsen. Selbst Sukkulenten (dieses Wort wollte ich schon immer einmal schreiben!) brauchen hin und wieder einen Schluck. Nun kann man einfach warten, bis es regnet. Oder selbst gießen.

Bewegen kann sie sich offenbar nicht mehr, aber sprechen kann sie noch.

Also kann ich sie etwas fragen:

»Pflanzen brauchen Wasser. Richtig?«

»Richtig«, sagt sie.

»Wer gießt denn Ihre ganzen Pflanzen hier?«

»Keine Ahnung!«, kommt es unter dem Blätterdickicht hervor.

»Könnte es sein, dass Sie selbst gießen?«, hake ich nach.

»Warum sollte ich das tun?«

»Das weiß ich nicht!«, antworte ich wahrheitsgemäß (immer dieser Irrtum, dass ein Coach alles schon weiß!).

»Ich dachte, Sie können mir das sagen.« (Sehen Sie, immer das Gleiche!)

»Mal angenommen, Sie gießen selbst«, schlage ich vor, »und mal angenommen, das würde irgendeinen Sinn ergeben, irgendeinen – was könnte das sein?«

Eine Weile ist es still, nur das Rascheln von Blättern ist zu hören, Blätter der weiterwachsenden Ranken.

»Wie geht es Ihnen da drin?«, frage ich. »Beschreiben Sie mal!«

»Nicht gut! Es ist dunkel und zu warm. Ich schwitze, sehe nichts, kann mich nicht bewegen. Es macht mir Angst, dass es immer weiterwächst, nicht aufhört.«

»Was noch?«

»Könnten Sie lauter sprechen?«, bittet sie. »Ich versteh' Sie immer schlechter.«

»Was noch?«, rufe ich ziemlich laut.

»Ich fühle mich von der Außenwelt abgeschnitten. Abgeschnitten, haha! Sie haben nicht zufällig eine Gartenschere hier?«

Ich verneine.

»Würde wahrscheinlich nicht viel bringen, was? Ist in null Komma nix wieder nachgewachsen ... verdammt!«

»Von der Außenwelt abgeschnitten ...?«, hake ich nach.

»Genau. Ich fühle mich klein, allein, es ist so viel um mich, ich muss alles selbst machen ... Ich will, dass jemand anderes das macht!!«

»Sie möchten, dass jemand anderes das alles für Sie erledigt?«

»Ja, ich schaff' das nicht. Sie sehen ja – es geht nicht!«

»Das sehe ich. So geht es nicht – es wächst Ihnen ja alles über den Kopf!«

»Genau. So kann ich nichts machen.«

»So können Sie nichts machen ...«, wiederhole ich.

»Ja, blöd«, gibt sie zu.

Ich: »Dann könnten Sie sich auch genauso gut ein bisschen ausruhen. Ich meine, wenn Sie sowieso nichts machen können.«

»Gezwungenermaßen, ja.«

»Die wachsenden Pflanzen zwingen Sie also, still zu sitzen und nichts zu tun?«

»Dafür sollte ich ihnen eigentlich dankbar sein, hm?«, lacht sie. »Stimmt, jetzt, da ich darüber nachdenke: Wenn ich eh nichts machen kann, brauche ich mich ja nicht verrückt zu machen.«

»Machen Sie das, sich verrückt?«, frage ich nach.

»Ja, klar. Oft.«

»Und jetzt gerade nicht?«

»Nö. Macht ja keinen Sinn, sich jetzt auch noch zusätzlich verrückt zu machen.«

»Wie geht es Ihnen jetzt?«

»Besser. Erleichtert.« (Und das kann ich auch an ihrer Stimme hören!)

»Also solange Sie hier in Ihrem Gewächshaus sitzen, brauchen Sie gar nichts zu tun, das erleichtert Sie.«

»Genau.«

»Also darf es jetzt ruhig weiterwachsen?«

»Meinetwegen. Irgendwann wird's schon aufhören.«

»Wann, meinen Sie, wann wird das sein?«, frage ich sie.

»Keine Ahnung. Wenn ich keine Pause mehr brauche, vielleicht?«

»Könnte es also sein«, mache ich ihr deutlich, »dass Sie sich da eine kleine Pausen-Oase wachsen lassen, um sich kurz einmal aus den ganzen Sorgen auszuklinken?«

»Könnte gut sein, ja«, gibt sie zu.

»Und wenn Sie die Pflanzen selbst gießen, dann vielleicht deshalb, damit die Oase schnell wächst und Sie schnell Ihre Ruhe haben?«

»Das gefällt mir! Das wäre dann vielleicht ja auch der Sinn, von dem Sie vorher gesprochen haben, oder? Dass ich mich ausklinken will, weil mir grad alles zu viel wird.«

»Ja, das kann sein. Ob es so ist, werden wir nie erfahren, aber wenn das so für Sie Sinn macht, dann haben Sie ja viel gewonnen!«

»Ich hab' eine Pausen-Oase gewonnen, toll! Wenn man bedenkt, wie schrecklich dieses Gewächszeugs vor einer halben Stunde noch war ... Danke!«

»Eine Frage hätte ich noch ...«, sage ich.

»Ja?«

»Wenn Sie selbst gießen, dann können Sie auch aufhören, wann Sie wollen, nicht?«

»Ja, das macht Sinn«, sagt sie.

»Möchten Sie jetzt aufhören?«

»Ja, ich glaube, die Pause reicht jetzt. Ich denke, ich kann jetzt weitermachen. Und wenn's nicht mehr geht, weiß ich ja, wo die Gießkanne steht!«

In diesem Moment, ob Sie's glauben oder nicht, zogen sich die Ranken so schnell zurück, wie sie gekommen waren.

Zusammenfassung:

Visualisierungen helfen, gewohnte Denkpfade zu verlassen! In diesem Fall:

Steht die Person irgendwo draußen im Regen?
Oder: Wer gießt die Pflanzen?

Wenn jemand anderes gießt: Warum tut er das?

Einmal angenommen, Sie gießen selbst, und einmal angenommen, das würde irgendeinen Sinn ergeben – was könnte das sein? Inwieweit könnte diese als unangenehm erlebte Situation auch einen positiven Effekt oder sogar Nutzen haben? Alles ist möglich, spinnen Sie ruhig herum!

Nun verlassen wir das Bild und resümieren noch einmal kurz:

Was ist hier passiert?

1. Statt mich auf die vielen verschiedenen Sorgen zu konzentrieren, habe ich ein Bild von der Gesamtsituation kreiert. Schon durch die Konzentration auf das eine große Bild – im Gegensatz zu den vielen Sorgen – ist die Klientin ruhiger geworden.
2. Über diese Visualisierung habe ich versucht herauszufinden, welche Funktion die Pflanzen für die Klientin haben könnten. Dies tat ich zum einen, um die Energie von den Sorgen wegzulenken, und zum anderen, weil der Klientin öfter einmal alles über den Kopf wächst. Es handelt sich hier um ein Muster. Die Sorgen variieren, das Muster wiederholt sich – also habe ich das Muster »versorgt«.
Ob das jetzt alles so stimmt oder nicht, was wir da herausgearbeitet haben, spielt überhaupt keine Rolle! Wesentlich ist einzig und allein, dass es für die Klientin hilfreich ist. Wann immer sie jetzt in ihrem Blätterwald sitzt, wird sie an unser Gespräch denken – und an ihre »Pausen-Oase«. Das einst negative Bild ist nun positiv aufgeladen und nicht mehr so bedrohlich.

> Visualisierungen wirken oft entlastend, sie bauen eine wohltuende Distanz zum Problem auf.
>
> Viele (kleine) Dinge beunruhigen, eine (große) Sache beruhigt.

Wenn sich Verhalten häufig stereotyp wiederholt, ist es wahrscheinlich ein Verhaltensmuster. Das lässt sich nicht einfach abstellen, weil die Gründe dafür oft sehr tief sitzen und existenzielle Bedeutung haben. In diesem Fall einen Coach oder einen Therapeuten aufsuchen!

8. Ich bin halt so!

Ich bin ein Workaholic. Ich bin eine Tranfunzel.
Ich bin ein Chaot. Ich bin ein aufgeregtes Huhn.

Hier hat sich jemand mit Inbrunst in Beton gegossen – Veränderung ausgeschlossen!

Manchmal verpassen wir sie uns selbst, manchmal bekommen wir sie von anderen: Labels wie »Workaholic« oder »Chaos-Queen« haften erstaunlich gut und führen früher oder später dazu, dass wir wirklich glauben, so zu sein. Und früher oder später beginnen wir vielleicht, ganz unbewusst, diesem Bild, das wir da von uns haben, immer ein bisschen mehr zu entsprechen. Die »Chaos-Queen« wird's zu Hause und in ihren Taschen immer ein bisschen unaufgeräumt haben und sie wird immer wieder gern ihren Schlüssel verlegen. Der Workaholic wird, das ist er sich und seinem Label schuldig, immer ein klein wenig außer Atem sein, und vor 22 Uhr grundsätzlich zu keiner Veranstaltung erscheinen. Er wird zugleich freudig-erregt und erschöpft über die Arbeitsberge klagen, die selbstredend zunehmend mehr werden, je mehr er arbeitet.

Ich frage mich dann immer: Was war eigentlich zuerst da: das Label oder die Idee, man müsse ihm entsprechen? Ist der selbst ernannte Chaot vielleicht auch deshalb chaotisch, weil er unbewusst meint, seinem Bild von sich entsprechen zu müssen? Weil er damit kokettiert?

Fakt ist: Je mehr wir unser Label nach außen tragen, desto mehr wird unser Umfeld uns in diese Schublade stecken, desto schwieriger wird es, ein anderes Bild von uns zu vermitteln:

8. Ich bin halt so! 69

»Die Claudi hat eine Firma gegründet?! Diese Chaos-Queen? Haha! Wie soll das denn funktionieren?«

Die arme Claudi verliert auf diese Weise womöglich ihren Ruf und den einen oder anderen Kunden. Hätte sie doch zuvor bloß etwas weniger auf ihrem Label beharrt …!

Je mehr wir unser Label nach außen zeigen,
- desto mehr glauben wir selbst, so zu sein,
- desto mehr wird unser Umfeld uns in diese Schublade stecken,
- desto schwieriger wird es, ein anderes Bild von uns zu vermitteln,
- desto schwieriger wird es, sich zu verändern.

Problematisch wird es also immer dann, wenn wir etwas verändern möchten oder sogar müssen – und das eigene Label uns im Wege steht.

- Wenn der »Workaholic« zum Beispiel gerade in die Burnout-Straße einbiegt und glaubt, nichts dagegen tun zu können, weil er ja schließlich und eben so sei.
- Wenn ein »aufgeregtes Huhn« einen Vortrag halten soll, weil die Dame (Männer sind eher selten aufgeregte Hühner) so schlau ist und so viel zu sagen hat, könnte das Projekt daran scheitern, dass sie sehr überzeugt davon ist, die Sache mit ihren Hühner-Qualitäten zu vermasseln.

Das Bild, das sie von sich hat, ist so stark, dass es ihr schwerfällt, ihm ein anderes entgegenzusetzen, das für den Vortrag hilfreicher wäre.

Wenn eine Tranfunzel Mutter wird und es plötzlich nicht mehr so einfach ist, sich durch den lieben langen Tag tranzufunzeln und »nichts auf die Reihe zu kriegen« – dann kann man sich zum Wohle von Mutter und Kind nur wünschen, dass die Tranfunzel noch ein paar andere, vielleicht sogar neue Seiten an sich entdeckt und nicht gleich verwirft, weil sie nicht in ihr Tranfunzel-Konzept passen.

Also: Vorsicht mit den Labels! Vorsicht mit Beton! Und machen Sie hin und wieder einen Labelcheck!«

1. Welche(s) Label(s) haben Sie von sich?

Notieren Sie sich drei Labels, die Sie sich selbst geben oder von anderen bekommen haben. Nun nehmen Sie das eine, das Ihnen am bedeutsamsten scheint, und beobachten Sie sich eine Woche lang in Bezug auf folgende Fragen:
- Was tragen Sie dazu bei, diesem Label zu entsprechen? (Dazu kann auch gehören, dass Sie vehement behaupten, *überhaupt gar nicht so zu sein!*)
- Wozu ermutigt Sie Ihr Label?
- Woran könnte Sie das Label hindern?
- Passt es in Ihre jetzige Lebenssituation?

Wenn Sie mögen, machen Sie sich jeden Abend dazu ein paar kurze Notizen. Verfahren Sie mit den beiden anderen Labels ebenso.

2. Welche(s) Label(s) haben Sie von anderen?
Notieren Sie die Labels von drei Ihnen wichtigen Personen (das können auch Ihre Kinder sein!). Beobachten Sie sich eine Woche lang in Bezug darauf. Fragen Sie sich:
– Was wäre anders, wenn die Person dieses Label nicht hätte?
– Inwieweit, glauben Sie, trägt diese Person dazu bei, dieses Label zu festigen?
– Inwieweit, glauben Sie, schränkt das Label diesen Menschen irgendwie ein?
– Passt das Label zur aktuellen Lebenssituation der Person?

Sie können entweder mit einer Person beginnen oder gleich alle drei beobachten – je nachdem, wie viel Zeit Sie haben.

Und nun noch zu einem anderen Beton-Aspekt, der insbesondere für Menschen in Beziehungen eine große Herausforderung darstellt …

»Ich bin halt so« – in Beziehungen

Immer lässt du deine Socken
im ganzen Haus herumliegen!!!!!!!!!!!!!!!!!!!!!!!!

Vielleicht kennen Sie das aus der einen oder anderen Beziehung: Frau jammert zum 100. Male über herumliegende Socken, sich bis an die Decke des Badezimmers stapelnde Comics, leer getrunkene Kaffeetassen auf dem Rücksitz des Autos (doch, das habe ich selbst erlebt!), und der Mann sagt: »Sorry, aber ich bin halt so!«

Vielleicht sagt er es auch ein bisschen anders oder zuckt nur ein bisschen (!) entschuldigend mit den Achseln, aber was er meint, ist immer das: Finde dich doch (bitte) damit ab, dass du auch die nächsten 100 Jahre meine Socken wegräumen wirst, denn ich werde mich nicht ändern!

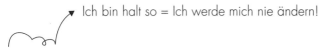 Ich bin halt so = Ich werde mich nie ändern!

Natürlich sind es nicht nur Männer, die so etwas sagen, wobei ich von einem Mann noch nie gehört habe, dass er die Socken seiner Frau ... wie dem auch sei, ob es vom Herrn oder der Dame kommt: »Ich bin halt so!« ist eine Sollbruchstelle in Beziehungen. Da kracht es früher oder später. Warum? Weil der eine einfach stehen bleibt – was den anderen häufig in übermäßige Bewegung versetzt (siehe Socken).

Beziehungen leben aber nun einmal davon, dass beide offen und beweglich bleiben, dass beide sich weiterentwickeln. Mal gemeinsam – mal jeder für sich. Bei längerem Stillstand zeigen sich erste Risse an dieser Stelle und das Unheil schreitet voran. Was tun? Ernst nehmen! Risse sofort eincremen und geschmeidig halten!

Hier ein wirksames Salbenrezept für beide:

Verständnis für das eigene Verhalten beziehungsweise das des anderen und *Eigenverantwortung*.

Daraus ergibt sich eine sehr erwachsene Salbengrundlage, die Sie nach Belieben noch mit wohlriechenden Essenzen und Blümchen in der Sprechblase anreichern können.

Wer sagt: »Ich bin halt so!«, hat entschieden, so zu sein. Den meisten ist das nicht bewusst und bei den meisten liegt diese Entscheidung Jahre zurück – nicht selten sogar in der frühkindlichen Phase. So fördert zum Beispiel eine alles verzeihende und wegräumende Mutter das magische Denken, die Dinge würden von ganz allein verschwinden. Und wenn der eigene Vater dann noch ein mustergültiges Vorbild in Sachen »So ist es eben und basta!« war, trägt das sicher dazu bei, dass ein Erwachsener sich in Bezug auf Aufräumarbeiten später in Stein gemeißelt sieht, und dies als vollkommen real erlebt: So bin ich! Anders kann ich nicht sein!

So weit zur Ursache – die bringt uns zwar nicht zwingend zur Lösung (siehe Kapitel »Warum ist das bloß so?«, Seite 29), aber zum Verständnis: Wir alle haben ein paar Päckchen von unseren Vorfahren zu tragen. Und auch ohne zu wissen, was, wie und warum genau – wir können *verstehen*, dass es einem Menschen nicht immer möglich ist, sich mal eben schnell neu zu erfinden. Erst dieses Verständnis, das wir uns selbst oder anderen entgegenbringen, macht Veränderung möglich.

Im Socken-Beispiel ließe sich nun spekulieren, wie die Eltern des Mannes wohl gewesen sind, ob so wie oben beschrieben oder anders. Eine andere Möglichkeit halte ich aber in vielen Fällen für sinnvoller: Eigenverantwortung übernehmen!

Schließlich ist der kleine Junge mittlerweile erwachsen und trägt jetzt die Verantwortung für sein Leben. Er kann also selbst entscheiden, wie er sein möchte!

> Es geht nicht darum, wie man *ist*, sondern ob man so sein möchte.

Ein gesunder* erwachsener Mensch kann neu entscheiden, wie er in Zukunft sein möchte.

Wenn man so sein möchte, ist das eine klare Entscheidung: Ich bin so, weil ich so sein will. Lässt er seine Socken liegen, sagt er damit klar: *Ja, ich will meine Socken hier liegen lassen, ich übernehme für jede einzelne Socke die volle Verantwortung und ich nehme in Kauf, dass meine Frau sich dann sehr über mich ärgert.*

Nun, dieser Satz kommt einem nicht ganz so leicht über die Lippen wie: »Ich bin halt so!«

---

* Ich bin kein Freund der Trennung zwischen »gesund« und »krank«, denn häufig fließen beide Zustände ineinander, zumal, wenn es sich um psychische Zustände handelt. Wer kann schon sagen, wann jemand noch gesund oder schon krank ist? Alles ist eine Frage der Betrachtungsweise … Nichtsdestotrotz verwende ich an dieser Stelle zum besseren Verständnis »gesund« im Sinne von »im vollen Besitz seiner geistigen und körperlichen Fähigkeiten«.

Was ist der Unterschied?

Ich bin halt so = ohne Verantwortung
Sorry Schatz, meine Eltern haben mich da einfach schlecht erzogen, ich kann nichts dafür und ich kann auch nichts dagegen machen.

Ich will meine Unterhosen hier liegen lassen = mit Verantwortung
Ich tue das, weil ich das so will, und mir ist vollkommen klar, dass du das nicht willst, und ich tu's trotzdem!

Also, einmal angenommen, Sie haben einen Partner zu Hause, der eventuell eine gewisse Neigung dazu hat, womöglich ein paar Dinge herumliegen zu lassen, dann könnten Sie *verständnisvoll* an seine *Eigenverantwortung* appellieren. Dazu sollten sie ihn nicht anschreien oder anmotzen, denn das lässt ihn automatisch auf die Größe eines Fünfjährigen schrumpfen. Sprechen Sie mit ihm wie mit einem erwachsenen Menschen, dann ist die Wahrscheinlichkeit größer, dass er Ihnen auch erwachsen begegnen wird.

»Ich bin halt so« – in Beziehungen 77

Schatz, möchtest du deine Socken eigentlich
im ganzen Haus herumliegen lassen?

Nun, wenn er es nicht *will*, dann will er ja immerhin etwas! Dann könnte man ja gemeinsam überlegen, wie er etwas daran ändern könnte. Dann beginnt der Beton, sich in eine etwas nachgiebigere Masse zu verwandeln, und Veränderung wird möglich!

Im nächsten Kapitel beschreibe ich übrigens eine besondere Form der Selbstetikettierung ...

9. Ich bin total bescheuert!

Ich Idiot!
Ich bin vielleicht eine blöde Kuh!
Ich Dussel!
So was Blödes kann ja nur wieder von mir kommen!

Klingt harmlos, wenn wir das so in der Runde hören, hat es aber in sich: Hier ist das Selbstbild der Person nicht nur aus Beton, sondern hat auch noch einen perfiden Zusatz: Selbstabwertung!

Natürlich kann man sich einmal im Affekt scherzhaft das eine oder andere selbstbezichtigende Label verpassen, aber bitte lassen Sie es nicht zur Gewohnheit werden! Denn auch wenn es lustig gemeint ist, es bleibt eine permanente Selbstabwertung und kann dazu führen, dass Sie an diesem schlechten Bild von sich unbewusst festhalten!

Das ist schlecht für Ihre Psyche und hinderlich, wenn Sie etwas erreichen möchten (siehe auch »Chaos-Queen« und »Tranfunzel« im letzten Kapitel, ab Seite 67).

Ach, ist ja nur ein Bild, denken Sie vielleicht. Irrtum! Die inneren Bilder sind mächtiger, als wir denken! Untersuchungen haben ergeben, dass wir auf Bilder in unserem Kopf mit den gleichen Gefühlen reagieren, wie wenn wir es »in echt« erleben.

Das bedeutet: Wenn Sie sich innere Bilder von sich machen, entwickeln Sie gleichermaßen Gefühle dazu, die Sie dann auch wirklich fühlen.

Lassen Sie mich Ihnen ein Beispiel geben:

Schließen Sie die Augen und gehen Sie in Gedanken an Ihren Lieblingsstrand. Wie sieht es dort aus? Welche Farbe hat das Wasser? Der Sand? Wie riecht es? Wo steht die Sonne gerade? Vielleicht noch nicht ganz oben, sodass es gerade angenehm ist? Malen Sie Ihr inneres Bild des Strandes, des Wassers, des azurblauen Himmels …

Während Sie das tun, beginnt Ihr Körper, sich zu entspannen. Sie spüren förmlich, wie die Sonne Ihren Körper wärmt, auch wenn sie nur im Kopf scheint …

In diesem Fall habe ich ein positives Bild heraufbeschworen. Sie haben gemerkt: Die bloße Vorstellungskraft hat etwas in Ihnen aktiviert: schöne Gefühle, angenehme körperliche Reaktionen …

Nun stellen Sie sich vor, was mit Ihnen und Ihrem Körper passiert, wenn Sie ein schlechtes Bild von sich erzeugen!

Und jetzt denken Sie bitte noch einmal darüber nach, was Sie auslösen, wenn Sie sich dauerhaft und einbetoniert selbst abwerten.

Ein Hirnforscher würde sagen: Auf diese Weise stärken Sie die Synapsen im Gehirn, die für unangenehme Gefühle zuständig sind, und machen ausgerechnet diese Synapsen immer leistungsfähiger. Machen Sie es lieber umgekehrt!

Apropos umgekehrt: Es gibt ja Menschen, die sagen »Ich war wieder total bescheuert! War ja klar ...«, weil sie gern von ihrem Umfeld das Gegenteil hören möchten.

Kennen Sie solche? Oder, Hand aufs Herz, machen Sie das manchmal? Oder sogar öfter?

Behalten Sie's für sich und lesen Sie leise weiter!

Manche Menschen werten sich ab, um von anderen Streicheleinheiten zu bekommen. Sie tun das zumeist unbewusst und sie brauchen das sehr dringend, sonst würden sie das nicht tun. Jenen würde ich ans Herz legen, sich selbst immer einmal wieder zu streicheln – mit netten Worten, in echt, oder mit Vorstellungskraft. Das ist nämlich völlig okay. Auch wenn die Gesellschaft da lange anderer Meinung war (siehe Kapitel »Eigenlob stinkt!«, Seite 133).

Stärken Sie Ihre guten Synapsen und werfen Sie die schlechten ins Kröpfchen!

10. Hilfe!!

»Ich brauche Ihre Hilfe«, sagte neulich ein gestandener Mittvierziger zu mir, der ein erfolgreiches Unternehmen führt.

Fällt Ihnen etwas auf?
Nein? Dann lesen Sie noch ein bisschen weiter.

»Brauchen Sie meine Hilfe oder meine Unterstützung in einer bestimmten Angelegenheit?«, fragte ich.
»Ist doch das Gleiche!«, sagte er.
»Ich finde nicht«, sagte ich.
»Was ist denn der Unterschied?«, fragte er zurück.
»Was glauben Sie?«
»Sie scheinen es ja zu wissen«, gab er zurück, »warum soll ich es dann sagen?«

»Gut gekontert«, sagte ich, »aber ich möchte, dass Sie es mir sagen. Ich werde Sie dabei unterstützen, wenn Sie möchten.«

Er lachte: »Okay, ich bin gespannt!«

»Wie alt sind Sie?«

»47 – und?«

»Und Sie haben ein eigenes Unternehmen mit 20 Mitarbeitern, richtig?«

»Richtig.«

»Und Sie sind in dem, was Sie tun, erfolgreich. Richtig?«

»Ja, alles in allem läuft es ganz gut.«

»Was tragen Sie Ihrer Meinung nach dazu bei, dass alles in allem gut läuft?«

Er erzählte von seiner Firma, wie hart er anfangs dafür gearbeitet hatte, wie stolz er war, als er nach einem Jahr schon die ersten Mitarbeiter einstellen konnte, wie er immer wieder an seine Idee geglaubt hatte, auch wenn manchmal alles gegen ihn zu sein schien.

»Bin schon ein zähes Bürschchen«, schloss er ab und lachte triumphierend.

»Mal angenommen, jemand hätte Ihnen gerade genau das erzählt, was Sie mir eben gesagt haben – würden Sie diese Person als jemanden bezeichnen, der Hilfe braucht? Als hilflos?«

Er lachte wieder. »Nö, der wirkt auf mich nicht sehr hilflos. Ich weiß jetzt, was Sie meinen. Dann möchte ich also jetzt Ihre Unterstützung.«

»Also«, sagte ich, »wenn Sie mir jetzt sagen, worin genau Sie Unterstützung brauchen, helfe ich Ihnen gerne!«
»Haarspalterei«, lachte er.

Wer von sich sagt, er brauche Hilfe,
erzeugt im anderen das Bild,
er sei generell hilflos.
Wo dann anfangen?

Die meisten erwachsenen Menschen sind nicht hilflos, sondern brauchen eine gezielte Unterstützung in einer bestimmten Angelegenheit. Dann kann jemand anders etwas für sie tun.

11. Das war ein Fehler!

Fehler machen wir alle, aber manche von uns können sich das schwer verzeihen

Das Richtige anzustreben ist eine schöne Sache. Manchmal kommt dabei trotzdem etwas heraus, was für uns nicht funktioniert – rückblickend nennen wir das dann häufig »Fehler«: »Ich hab' da einen dummen Fehler gemacht ...« (von wegen »dumm«!, siehe Kapitel »Ich bin total bescheuert!«, Seite 78.)

11. Das war ein Fehler!

Fehler machen wir alle, aber manche von uns können sich das schwer verzeihen. Jene möchte ich mit diesem Kapitel gern dazu bringen, in Zukunft etwas milder mit sich zu sein.

Vielleicht haben Sie das schon erlebt: Eine Freundin kommt geknickt zu Ihnen, weil ihr (ihrer Meinung nach) ein Fehler unterlaufen ist. Vielleicht hatte sie wichtige Unterlagen bei einem Meeting nicht dabei oder sie hat sich mit ihrem Mann gestritten und macht sich jetzt bittere Vorwürfe:

»Das war ein Fehler! Jetzt ist er total sauer! Bestimmt verlässt er mich jetzt ...«

Was tun Sie?

Ich nehme an, Sie holen die Peitsche aus dem Schrank und verabreichen ihrer Freundin erst einmal eine Tracht Prügel.

Nein? Was tun Sie dann? Ach so, Sie trösten sie! Sie sind aber nett zu Ihrer Freundin! Sind Sie zu sich selbst auch so nett, wenn Sie glauben, einen Fehler gemacht zu haben?

Sagen Sie zu sich: »Ach Spätzelchen, das kann doch mal passieren! Ist doch nicht so schlimm! Dafür hast du doch gestern diesen tollen Text geschrieben, der deinen Kollegen so gut gefallen hat!«

Die meisten, die ich kenne (mich eingeschlossen), kriegen das nicht so einfach hin. Der Impuls, die Peitsche zu holen, ist irgendwie stärker ...

Mit anderen sind wir oft milder als mit uns selbst. Es scheint, als hätten wir zwei unterschiedliche

Bewertungssysteme: eines für uns und eines für die anderen.

Was spricht dagegen, mit uns selbst so nett umzugehen wie mit anderen?

Zumal: Mensch sein heißt, eine gewisse Fehlertoleranz zu haben. Wir lernen aus Fehlern, kaum dass wir aus dem Bauch kommen. Je größer die Fehlertoleranz, desto mutiger werden wir.

Beispiel: Ein Kleinkind baut einen Turm aus Klötzchen. Dabei stapelt es die Klötzchen so ungünstig, dass sie gleich wieder herunterfallen. Jetzt stellen Sie sich vor, in diesem Moment kommt seine Mutter, nimmt ihm die Klötzchen und sagt: »Nein, mein Lieber, das muss auf Anhieb klappen!« Das möchte man sich nicht vorstellen, nicht wahr?

Aber genau so gehen Sie mit sich um, wenn Sie einen Fehler machen! Eine Seite in Ihnen meint, Sie hätten das gleich richtig machen müssen. Sie verzeiht Ihnen nicht, dass Sie einen Fehler gemacht haben. Anders gesagt: Diese Seite in Ihnen verhält sich höchst intolerant gegenüber einer anderen Seite in Ihnen: der Seite nämlich, die den Fehler gemacht hat.

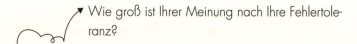
Wie groß ist Ihrer Meinung nach Ihre Fehlertoleranz?

11. Das war ein Fehler! 87

> Sagen Sie spontan eine Zahl von 0 (gar nicht
> tolerant) bis 10 (sehr tolerant).
> Finden Sie das angemessen, wenn man bedenkt,
> dass Sie ein Mensch sind und keine Maschine?

Wir sprechen hier immer von Fehlern, dabei steht gar nicht fest, ob es überhaupt einer war! Dies liegt – wie immer – im Auge des Betrachters. In diesem Fall eher noch im Auge des eigenen inneren Bewertungssystems:

Wann ist denn ein Fehler für Sie ein Fehler?
Was muss ein Fehler tun, damit er dieses Gütesiegel
von Ihnen bekommt?

Schnell, oft zu schnell, greifen wir zu diesem Wort, ohne das vorher zu prüfen.

Hat das Kleinkind einen Fehler gemacht, als es versuchte, die Klötzchen an der Kante aufeinanderzustapeln? In meinem Bewertungssystem nicht – ich würde sagen, es hat etwas ausprobiert, was es vorher offenbar nicht (so oft) gemacht hat. Deshalb wäre es natürlich auch unangemessen, ihm die Klötzchen wegzunehmen. Im Gegenteil: Würden Sie den Kleinen nicht sogar eher noch ermutigen, es noch einmal zu versuchen?

Ziemlich sicher wird es ihm dann irgendwann gelingen! Die meisten von uns können jedenfalls mittlerweile prima

Türmchen bauen – dank der Fehlertoleranz unserer Bezugspersonen und deren Wissen darum, dass der Versuch zum Lernen gehört – und der Irrtum zu beidem.

> Manche Fehler sind schlicht Experimente!
>
> Je größer die Fehlertoleranz, desto größer die Motivation, es weiter zu versuchen, und umso wahrscheinlicher ist der Lernerfolg.

So, genug der Kleinkinder – wenden wir uns den jungen Erwachsenen zu, die sind zwar schon groß, aber auch jene brauchen noch jede Menge Fehlertoleranz! Da kenne ich mich aus, denn ich bin Dozentin an der Hochschule für Gestaltung, wo ich »Konzeptionelles Texten« unterrichte. Aus obigem Grund ist es meinen Studenten strengstens untersagt, *keine* Fehler zu machen. Ich freue mich, wenn sie etwas ausprobieren! Würden sie das nicht tun, würden sie das Gleiche wieder und wieder tun, dann wäre meine Anwesenheit obsolet, und wir würden alle vor Langeweile eingehen.

Überhaupt wäre das ganze Bildungssystem ohne Fehlertoleranz ein Widerspruch in sich. Schüler sollen lernen, dazu müssen sie Fehler machen. Ein Widerspruch ist es allerdings, dass sie ausgerechnet dafür mit schlechten Noten bestraft werden. Aber das ist eine andere Geschichte. Also: Wenn Sie etwas lernen möchten, machen Sie bitte jede Menge Fehler! Achten Sie aber bitte darauf, ob Ihr Umfeld fehlertolerant ist. Wenn nicht, lesen Sie ihm dieses Kapitel vor!

Alles Neue ist fehleranfällig!

> Keinen Fehler zulassen würde bedeuten,
> immer wieder das Gleiche zu reproduzieren.
> Ob es dann Flugzeuge gäbe ...?

Und? Fühlen Sie bereits ein wenig Milde in sich aufsteigen? Habe ich Sie erfolgreich daran erinnert, dass Sie ein Wesen sind, das Fehler machen muss, um zu wachsen? Habe ich Sie erfolgreich daran erinnert, dass Sie nur ein Mensch sind?

Oder denken Sie immer noch, dass Sie völlig fehlerfrei durchs Leben gehen müssten?

Wenn das so ist, habe ich noch ein Ass im Ärmel:

> Wer von sich denkt, es sei ihm möglich, keinen Fehler zu machen, ist im Grunde größenwahnsinnig! Denn der erwartet etwas von sich, was nicht menschenmöglich ist: Fehlerfrei – das gibt es nicht! Das können Sie gern allen sagen, die es lieben, Sie pedantisch auf Ihre Fehler hinzuweisen.

Ich weise Sie jetzt zum Schluss noch einmal pedantisch drauf hin, dass nicht jeder Fehler ein Fehler ist. Ich würde Sie gern einladen, es präziser zu benennen. So sollte es Ihnen leichter fallen, die Peitsche im Schrank zu lassen.

Mit der folgenden »Fehlerwort-Sammlung« finden Sie leichter das passendere Wort für das, was in Ihrem inneren Bewertungssystem den Fehleralarm ausgelöst hat:

Präzision, bitte! War Ihr Fehler ein Fehler oder ... ?

Suchen Sie sich ein Wort aus, das Ihrer Meinung nach passt. Dieses Wort wird Ihnen mehr über sich und die Situation sagen – lassen Sie es ausreden!

Ausfall, Ausrutscher, Begriffsstutzigkeit, Blödsinnigkeit, Defekt, Denkfehler, Dummheit, Entgleisung, falsche Erwartung, Fauxpas, Fehleinschätzung, Fehldeutung, Fehlgriff, Fehlleistung, Fehltritt, Fehlschluss, Frechheit, Ignoranz, Impertinenz, Inkorrektheit, Irrtum, Lapsus, Macke, Mangel, Manko, Milchmädchenrechnung, Missgriff, Missverständnis, Nachteil, Nichtwissen, Panne, Patzer, Pflichtverletzung, Schaden, Schattenseite, schwache Stelle, Schwäche, schlechtes Benehmen, schlechte Angewohnheit, Übertretung, Unbedarftheit, Unbegabtheit, Ungeschick, Unkenntnis, Unrecht, unschönes

Betragen, Unsitte, Untugend, Unvernunft, Unverstand, Unvollkommenheit, Verkennung, Verwechslung, Versehen, Verstoß, Vergehen, Versagen, Zuwiderhandlung …

Am besten, Sie kopieren sich diese Liste und tragen Sie immer bei sich. Falls Sie einmal einen Fehler machen …

12. Ja, aber …

»Ja« ist ein Wort der Zustimmung.
»Aber« ist ein Wort der Einschränkung.
»Ja, aber« ist demzufolge eine Zustimmung, die gleich darauf eingeschränkt wird.

Bitte lauschen Sie folgender Unterhaltung und beobachten Sie dabei, was in Ihnen vorgeht:

A: »Ich bin total gestresst, weiß nicht, wo mir der Kopf steht … Ich brauche dringend Urlaub!!«
B: »Fahr doch jetzt ein paar Tage weg! Ist gerade eine gute Zeit dafür, oder?«
A: »Das schon … aber ich muss noch einen Job fertig machen.«
B: »Dann fahr' doch danach!«
A: »Ja, aber ich weiß nicht, wie lange ich dafür brauche.«
B: »Dann nimm ihn doch einfach mit und schick ihn von dort. Gibt ja mittlerweile überall Internet.«
A: »Ja, aber da, wo ich hinfahren will, bestimmt nicht.«
B: »Dann kauf' dir doch so einen Stick, mit dem man überall ins Netz kommt.«
A: »Ja, aber die sind total teuer!«
B: »Ich hab neulich irgendwo ein Angebot gesehen … das ging! Außerdem: Wenn du dann in Urlaub fahren kannst …«
A: »Ja, aber die Dinger funktionieren bestimmt nicht überall.«
B: »Keine Ahnung. Ruf doch mal in so einem Laden an und frag' nach.«
A: »Ja, aber ich bin gerade total im Stress und hab' überhaupt keine Zeit für so was!«
B: »Ist ja nur ein Anruf …«
A: »Ja, aber du kennst das ja mit den Warteschleifen … und am Ende hat man einen halben Tag verdaddelt …«

B: »Hm, stimmt ...Vielleicht kannst du auch jemand anderen fragen. Joachim kennt sich doch gut mit solchem Zeug aus!«
A: »Ja, aber der hat gerade selbst total viel um die Ohren.«
B: »Verstehe. Dann fahr' eben doch nach dem Job.«
A: »Ja, aber ich würde am liebsten jetzt sofort ins Flugzeug steigen!«
B: »Verstehe. Dann fahr' eben doch nach dem Job.«
A: »Ja, aber ich würde am liebsten jetzt sofort ins Flugzeug steigen! Bin echt urlaubsreif ...«
B: »Dann fahr' doch jetzt!«
A: »Aber ich muss doch noch diesen Job fertig machen!«
B: »Na gut, dann fahr' eben nicht!!«
A: »Bist du jetzt sauer? Ja, aber warum denn?«

Was haben Sie beim Lesen empfunden? Mal angenommen, Sie hätten alles tun dürfen – was hätten Sie getan? Und, wenn Sie sich diese Perspektive für einen Moment gestatten, gehören Sie eher zur Gruppe A oder zur Gruppe B?

Bitte erst antworten, bevor Sie weiterlesen – dann haben Sie mehr von den folgenden Sätzen!

Was hat B eigentlich so sauer gemacht?

Auf den ersten Blick natürlich das ständige »Ja, aber« von A. Auf den zweiten ...

Was hat A dazu beigetragen?

A hat auf alle Vorschläge von B »Ja, aber« gesagt.
A hat B kein einziges Mal dafür anerkannt, dass B ständig neue Ideen eingebracht hat.
A hat nur konsumiert (nämlich Bs Vorschläge).

Was hat B dazu beigetragen?

B hat – unaufgefordert! – immer wieder neue Vorschläge gemacht.
B hat mehr Energie in die Unterhaltung hineingegeben als A und auch dann noch weiter »gearbeitet«, als abzusehen war, dass seine Hilfestellungen ins Leere laufen.
B hat produziert (und damit A Arbeit abgenommen).

Sie sehen – *beide* haben einiges dafür getan, damit die Unterhaltung so verläuft. Und Sie sehen auch: Beide können in Zukunft etwas anders machen. Hier ein paar Tipps ...

Wenn Sie zu Gruppe A tendieren

- Achten Sie in Zukunft darauf, wie oft Sie »Ja, aber ...« sagen. So bekommen Sie ein Gefühl dafür und gehen vielleicht etwas sparsamer damit um. Das wäre nicht nur für B gut, sondern auch für Ihre eigene psychische Hygiene:

Denn wenn Sie sich ständig mit »Ja, aber« einschränken, nehmen Sie sich dadurch Raum zum Denken, zum Experimentieren, zum Bewegen ... so wird Ihr Erleben des Lebens ziemlich eingeengt – und Sie wissen ja: So, wie wir uns fühlen, so schauen wir auf die Welt.

- Wann immer in Ihnen ein »Aber« keimt, versuchen Sie es doch mal mit »und«!
  Damit schränken Sie das nicht ein, was der andere gesagt hat.
- Bedanken Sie sich hin und wieder bei den Bs in Ihrer Umgebung für die vielen guten Ideen und bitten Sie um Verständnis dafür, dass Sie nichts davon umsetzen. Sie werden auf viel Verständnis stoßen!

Wenn Sie zu Gruppe B tendieren

- Achten Sie in Zukunft darauf, wie viel Sie in solchen Gesprächen »arbeiten«: wie viel Energie Sie im Vergleich zu A in die Unterhaltung einbringen. So bekommen Sie ein Gefühl dafür, wie Sie Ihre guten Ideen dosieren können.
- Wenn Sie spüren, dass so etwas wie Unmut, Ärger oder Resignation in Ihnen aufkeimt, teilen Sie das A mit (natürlich vorausgesetzt, Sie kennen A besser und es liegt Ihnen etwas an A). Zum Beispiel so:
  Ich merke gerade, dass ich sauer werde, weil du alles, was ich vorschlage, blöd findest.

Ich mache hier einen Vorschlag nach dem anderen – dafür könntest du mir mal danken, oder? (Smiley)

Im obigen Beispiel endete die »Ja, aber«-Unterhaltung damit, dass B sauer war. Meistens aber trauen sich die Bs nicht, wütend zu werden. Dann enden solche Unterhaltungen gar nicht, und es kommt für beide zu keiner zufriedenstellenden Lösung. So wie hier, in dieser Unterhaltung beim Friseur:

»Einmal Haare schneiden, bitte!«
»Gern, der Herr! Wie darf ich sie denn schneiden?«
»Ach, einfach alles ein paar Zentimeter kürzer.«
»Wenn Sie mal schauen möchten, ist es so recht?«
»Ja, aber an den Seiten noch kürzer.«
»Warten Sie, ich halte die Schere mal hin ... So?«
»Ja, aber noch kürzer.«
»So?«
»Ja, aber nicht ganz so kurz.«
»So?«
»Ja, aber noch etwas weniger.«
»So?«
»Ja, aber etwas länger an den Seiten.«
»So, dass es noch über die Ohren geht?«
»Ja, aber nur ein bisschen.«
»So?«
»Ja, aber noch weniger.«
»So?«

»Ja, aber nicht, dass sie dann hinten viel länger sind.«
»So?«
»Ja, aber ein bisschen länger lassen.«
»So?«
»Ja, aber ...«

Das ist natürlich jetzt übertrieben dargestellt, aber es macht Folgendes deutlich: Auf diese Weise wird der gute Mann seine Haare nie geschnitten bekommen. Der Friseur wird womöglich irgendwann ausflippen, aber wahrscheinlich wird er – ganz Dienstleister – die Contenance behalten (und innerlich schnauben).

Fest steht: Am Ende sind beide zermürbt und erschöpft von der vielen Arbeit – und nichts ist geschehen. Blättern Sie doch mal ein paar Seiten zurück: Was hätten die beiden anders machen können?

13. Keine Ahnung!

Fragen Sie mich einmal, wie viele Einwohner Bottrop hat – keine Ahnung! Ich kann es Ihnen wirklich nicht sagen! *Wirklich* nicht.*

Mit »Keine Ahnung« ist es so eine Sache: Manchen Menschen rutscht es schneller heraus als anderen. Und um die soll es hier gehen. Also um die, die sehr oft meinen, nichts meinen zu können oder zu dürfen. Vielleicht kennen Sie so jemanden? Oder kennen es von sich selbst? Beobachten Sie doch mal, wie oft Sie »Keine Ahnung« sagen, ohne vorher zu prüfen, ob Sie vielleicht doch eine haben könnten – oder vielleicht sogar mehr als nur eine Ahnung.

13. Keine Ahnung!

Ich habe diese Redensart hier aufgenommen, weil sie mir zuzunehmen scheint. Es begegnet mir immer häufiger, dass jemand mal so eben »Keine Ahnung« sagt. Wie eine Art vorschnelles Achselzucken.

»Was machst du morgen?«
»Keine Ahnung!«

»Gehst du am Samstag zu Claudia?«
»Keine Ahnung!«

»Meinst du, wir sollten eine Paartherapie machen?«
»Keine Ahnung!«

Was ist hier passiert? Da stellt jemand eine Frage. Er möchte etwas wissen. Er geht davon aus, dass der andere dazu etwas zu sagen hat, sonst würde er nicht fragen. Aber der andere weiß es nicht. Was ist dessen Botschaft? Vielleicht so etwas wie: »Ich hab' keine Ahnung, was ich morgen mache, ich habe mir noch keine Gedanken gemacht und ich habe auch keine Lust dazu, und dir kann es doch auch egal sein, mir ist es schließlich auch egal, sonst würde ich ja etwas sagen. Also lass' mich in Ruhe!«

Gut, das mag jetzt auch ein wenig überspitzt sein, aber dadurch wird klarer, warum *Keine Ahnung* manchmal ziemlich daneben ist – oder sogar verletzend.

Warum? Jede Form von Kommunikation ist auch ein Austausch auf der Beziehungsebene. Wenn wir jemanden ansprechen, machen wir ihm ein Beziehungsangebot: »Hallo Achim, ich möchte gern kurz mal mit dir in Beziehung treten! Was machst du morgen?« Wenn Achim antwortet, er habe keine Ahnung, signalisiert er dem anderen Desinteresse – an sich selbst und seinem Gegenüber.

Nun leben wir in Zeiten, in denen jeder im Schnitt drei Kleingeräte besitzt, mit denen er in letzter Sekunde Verabredungen absagen oder neue ausmachen kann. Will sagen: Verbindlichkeit ist vom Aussterben bedroht (ja, Sie lesen zwischen den Zeilen mein Bedauern darüber), und so mag es in diesem Falle völlig harmlos sein, bis auf Weiteres keine Ahnung zu haben. Da lässt sich Achim einfach ein, zwei Türchen offen. (Ein bisschen wie an Silvester, da ist es mittlerweile ja schon fast Usus, bis zum 31. um kurz vor 20 Uhr noch *keine Ahnung* zu haben, wie man den Abend gestalten wird.)

Im Beispiel mit der Paartherapie (siehe Seite 99) allerdings bekommt die Sache dann eine größere Dimension: »Du, Hans, ich möchte mit dir in Beziehung treten: Meinst du, wir sollten einmal eine Paartherapie machen?« – »Keine Ahnung = Mir doch egal = Beziehungsangebot abgelehnt.« Autsch!

Überall da, wo zwei oder mehr Menschen eindeutig eine (längere) Beziehung haben, kann ein anderer nicht keine Ahnung haben, wenn es um die Beziehung geht, schließlich ist er Teil der Beziehung! Überall da ist »Keine Ahnung« eine Verletzung – und eine schlichte Weigerung, Mitverantwortung für die Situation zu übernehmen.

Würde Hans sich mitverantwortlich fühlen, müsste er sich zumindest bereit erklären, sich darüber Gedanken zu machen, etwa so: »Ich habe *noch* keine Ahnung, aber ich denke darüber nach und werde morgen auf dich zukommen!«

»Noch« heißt das Zauberwort. Ein einziges Wort signalisiert hier Interesse, denn es sagt: »Ich werde mir Ahnung verschaffen!« Beziehungsangebot angenommen. Ein Mann, ein Wort.

Nun, während viele Männer *noch* üben, mehr Verantwortung zu übernehmen, und viele Frauen noch üben, nicht *zu viel* Verantwortung zu übernehmen, werfen wir einen weiteren Blick ins Tal der Ahnungslosigkeit:

Sowohl in Paarbeziehungen als auch in allen anderen Kontexten trifft man Menschen, die »keine Ahnung« haben, weil sie sich so sicherer fühlen. Mit der Mitte macht man nix falsch! Manche davon ziehen die Harmonie ganz bewusst dem Konflikt vor (»Ich halte mich da raus, ich will keinen Ärger haben!«), andere sind sich dessen gar nicht bewusst, dass sie sich scheuen, eine klare Position zu beziehen. Sie entgleiten einem, legen sich nicht fest, schwenken einmal hierhin, einmal dorthin. Ich erinnere mich an unzählige Meetings mit lauter Fähnchen in Anzügen, die sich mit dem Wind drehten ...

Jetzt könnte man denen vorwerfen, sie hätten keine Haltung – aber halt! Auch keine Haltung ist eine Haltung: »Ich sage Ihnen hiermit klipp und klar, dass ich dazu keine Meinung habe!« Das sagen sie natürlich nicht, denn das hieße, eine Position zu beziehen, sich angreifbar zu machen, und genau das möchten sie vermeiden.

Aber vorwerfen soll man ihnen nichts, denn sie wissen oft nicht, was sie tun, und tun es mit guten Absichten. Sie trauen sich einfach nicht und suchen Schutz im Niemandsland. Nichtsdestotrotz kann das für andere unangenehm werden. Fatal wird es, wenn solche Menschen Führungs*positionen* innehaben. Und damit meine ich durchaus auch Eltern! Mitarbeiter und Kinder brauchen Orientierung. »Der Fisch stinkt vom Kopf«, auch und gerade dann, wenn er »keine Ahnung« hat.

Vielleicht sind Sie jetzt auch ein bisschen der Meinung, dass »Keine Ahnung!« auf den zweiten Blick nicht so harmlos ist, wie es zunächst klingt.

Ich würde Ihnen an dieser Stelle gern ein paar Tipps geben, wie ich das in anderen Kapiteln getan habe. In diesem Fall aber handelt es sich – wenn es nicht die harmlose Silvester-Unverbindlichkeit ist – zumeist um tiefsitzende, individuelle Verhaltensmuster. Wenn Sie sich also dadurch eingeschränkt fühlen, dass Sie selbst – oder ein anderer – keine oder wenig Haltung beziehen, empfehle ich auch hier das Gespräch mit einem Coach oder einem Therapeuten.

---

* Bottrop hatte am 31. Dezember 2008 übrigens 117.756 Einwohner. Vorher hatte ich *noch* keine Ahnung, aber dann habe ich nachgeschaut. Denn ich hatte ein ehrliches Interesse daran, Ihnen eine klare Antwort zu geben.

Jede Form von Kommunikation ist ein Beziehungsangebot!
In diesem Sinne ist »Keine Ahnung!« möglicherweise
- ein Ausdruck von unausgesprochenem Desinteresse und damit verletzend,
- ein Zeichen dafür, dass jemand keine Verantwortung übernehmen möchte,
- mit der Angst verbunden, eine klare Position zu beziehen (Rückzug).

14. Ich blick' nicht mehr durch!

Ich hab' zurzeit so viel im Kopf –
ich blick' nicht mehr durch!

Diesen Satz kann man auch lachend sagen. Dann hat man am Nicht-mehr-Durchblicken großen Spaß. Das meine ich nicht ironisch! Man kann sehr wohl Freude daran haben, ein bisschen im Dunkeln zu tappen, nicht so genau zu wissen …

Natürlich: All jene, die darunter eher leiden, sehen das anders (Sie erinnern sich: Jeder hat seine eigene Wirklichkeit). Die finden das überhaupt nicht lustig, wenn sie den Durchblick verloren haben. Sie werden nervös und fühlen sich schlecht.

Die gute Nachricht: Wenn man den Durchblick *verloren* hat, muss er einmal da gewesen sein. Das ist wie mit Schlüsseln. Wenn sie weg sind, waren sie vorher irgendwo, auf dem kleinen Tisch im Flur, in der grünen Tasche, die ich gestern Abend dabeihatte, im Bad, weil ich heute morgen kurz vor dem Gehen noch schnell …

Mal sehen, vielleicht findet sich ja eine ebensolche Spur für Ihren Durchblick!

Wo haben Sie ihn zuletzt gesehen?
Wann hatten Sie zuletzt Durchblick?
Was war da anders?
Was haben Sie denn gesehen, als Sie noch Durchblick hatten?
Wann haben Sie ihn verloren?
War das morgens, mittags, abends?
Waren Sie allein oder war jemand dabei?

Die Fragen klingen vielleicht ein wenig albern, aber probieren Sie es trotzdem aus!

Oder Sie versuchen es mit einer anderen Perspektive:

Stellen Sie sich vor: Sie haben keinen Durchblick mehr, weil etwas Ihre Sicht verdunkelt. Beschreiben Sie, was Ihnen Ihrer Meinung nach die Sicht versperrt – *wie sieht es aus? Wie groß ist es? Welche Farbe hat es? Wonach riecht es?*

Wenn Sie ein Bild haben, malen Sie es auf. Nehmen Sie sich ein Blatt Papier und ein paar Minuten. Anschließend (nun wird's wieder albern) schneiden Sie ein Loch hinein und schauen durch. Beantworten Sie anschließend diese Fragen:

Was sehen Sie, wenn Sie freie Sicht haben?
Was ist dann anders? Ist denn dann überhaupt etwas anders?
Was ändert es an Ihrer Situation, wenn Sie klarsehen? Sind Sie sicher, dass es Ihnen hilft, wenn Sie durchblicken – oder wäre vielleicht etwas anderes hilfreicher?

Was könnte das sein?

Sie können, wollen nicht malen? Schade! Das ist nämlich sehr effektiv, weil Sie nicht nur denken, sondern dabei auch etwas *tun*. Es macht einen Unterschied, ob man den Körper miteinbezieht!

Macht aber nichts – ich habe noch zwei Perspektiven:

Mal angenommen, Sie möchten gar nicht durchblicken?
 Klingt auf den ersten Blick komisch, weil Sie sich doch so sehr darum bemühen!
 Aber Sie könnten verschiedene, natürlich unbewusste, Gründe dafür haben. Schauen Sie doch einmal, ob hier in dieser Liste einer dabei ist:

- Vielleicht gibt es in Ihnen etwas, was sich nach Ratlosigkeit sehnt? Vielleicht tut Ihnen das vorübergehende (!) Im-Dunkeln-Tappen gerade ganz gut?
- Vielleicht kommt das Dunkel gerade recht, weil Sie bei klarer Sicht etwas tun müssten, wozu Sie keine Lust haben, was Sie nicht möchten, wofür die Zeit noch nicht reif ist.

Ich denke da zum Beispiel an eine Freundin, die sehr häufig »nicht mehr durchblickte«, was ihre Gefühle zu ihrem Mann anbetraf. Das Dunkel schützte sie davor, sich klar für oder gegen die Beziehung auszusprechen. Sie hatte sozusagen Dunkel-Urlaub von der Entscheidung – das Nicht-mehr Durchblicken war das kleinere Übel! (Sie hat sich dann nach einem knappen Jahr getrennt.)

Voilà (das sagt die Köchin Lea Linster immer, und das finde ich très charmant!), hier kommt die vierte und letzte Perspektive:

14. Ich blick' nicht mehr durch! 107

Der mangelnde Durchblick könnte ein Zeichen dafür sein, dass es Zeit ist, den Blick nach innen zu wenden. Was gibt es denn da gerade alles zu sehen – oder besser zu fühlen?

Dafür brauchen Sie keinen Durchblick, nur die Bereitschaft nachzuspüren, was in Ihnen gerade so los ist …

Vier Perspektiven auf den verlorenen Durchblick

1. Sie haben einmal durchgeblickt. Was haben Sie da alles gesehen?
2. Etwas verdunkelt, versperrt Ihre Sicht, sodass Sie nicht mehr gut sehen.
   Wobei nicht gesagt ist, dass Durchblick Ihnen in Ihrer Situation helfen wird. Das ist lediglich eine Annahme, die es zu überprüfen gilt!
3. Sie möchten vielleicht aus verschiedenen Gründen gar nicht durchblicken! Vielleicht tut Ihnen das Dunkel gerade ganz gut? Vielleicht wüssten Sie nicht, was tun, wenn Sie sehen – und dann handeln müssten.
4. Im Dunkeln sieht man manchmal mehr, nämlich sehr konzentriert nach innen, weil es außen nichts zu sehen gibt. Schauen Sie doch mal in Ihrem dunklen Innenraum, was es da zu sehen gibt. Mag sein, dass es gerade wichtiger ist, nach innen zu schauen als nach außen!

15. Da tappe ich im Dunkeln!

Klingt auf den ersten Blick ähnlich wie in den vorangegangenen beiden Kapiteln, ist es aber nicht!

»Ich habe über 50 Bewerbungen rausgeschickt und jedes Mal Absagen bekommen. Warum das so ist ... Tja, da tappe ich im Dunkeln!«, sagte neulich ein Klient zu mir, und ich glaubte ihm sofort, dass ihm das unangenehm war. Was ich nicht glaubte, war, dass irgendetwas oder jemand ihn dazu zwang »*zu tappen*«, noch dazu im Dunkeln.

Man könnte jetzt die große »Warum-Kiste« öffnen (siehe Seite 29) und erforschen, *warum* er im Dunkeln tappt. Viele versprechen sich viel davon, wenige kommen auf diese Weise ins Handeln. Also fragte ich: »Was ist denn anders, wenn Sie wissen, warum das so ist?« – »Dann ist es hell!«, sagte mein schlauer Klient.

Also machten wir Licht!

Und als es dann hell war, wurde schnell klar, warum er schon so lange im Dunkeln tappte: Bei Lichte sah er plötzlich vieles, was er lieber nicht sehen wollte: seine Bequemlichkeit, seine Unzuverlässigkeit, sein bislang unausgesprochener Wunsch, die Dinge mögen sich bitte von selbst erledigen.

Zum Schluss bat ich ihn, sich zu entscheiden, ob er das Licht anlassen – und handeln – oder lieber wieder im Dunkeln tappen möchte. Er wollte Bedenkzeit. Zur nächsten Sitzung brachte er grinsend einen Lichtschalter mit ...

Mit seiner unbewussten Entscheidung, lieber im Dunkeln zu sein und dort blind herumzutappen, wählte mein Klient eine zwar unangenehme Art des Daseins – aber das war immer noch erträglicher für ihn, als sich im Hellen seinen Schwächen zu stellen. Anders gesagt: Das kleinere Übel »im Dunkeln tappen« war ihm lieber als das große: eigenverantwortlich handeln. So hatte er sich selbst unbewusst dazu »gezwungen«, mit dem Dunkeln vorliebzunehmen und tapsig herumzutappen, statt aufrecht zu gehen und zu sehen.

Mit dieser sehr kurzen Kurzfassung einer Sitzung wollte ich Ihnen einmal mehr zeigen, wie wichtig es ist, Sprache ernst zu nehmen. Wie viel tiefe Wahrheit in dem steckt, was wir sagen. Insbesondere die sprachlichen Bilder sind immer wieder eine Fundgrube für Veränderung. Probieren Sie es aus!

Hilfreiche Fragen für den Umgang mit *Ich tappe im Dunkeln!* oder anderen »dunklen« Metaphern
Sie können diese Fragen natürlich auch anderen stellen!

Wie viel Zeit Ihres Lebens tappen Sie im Dunkeln? Wie viele Stunden am Tag/in der Woche? Gibt es bestimmte Tageszeiten?
Woran würde ich erkennen, dass Sie gerade im Dunkeln tappen? In welcher Haltung sind Sie dann? Gehen Sie in diese Haltung, bleiben Sie kurz darin und spüren Sie, wie es Ihnen geht. Dann folgen Sie Ihrem Impuls: Welche Haltung würden Sie jetzt am liebsten einnehmen? Was bedeutet das für Ihre Situation?

Was ist besser, wenn Sie im Dunkeln/blind sind? Hören Sie dann vielleicht besser? Fühlen Sie anders?

15. Da tappe ich im Dunkeln!

Was »sehen« Sie besser, wenn Sie im Dunkeln/blind sind? (Im Dunkeln könnte man ja mal ganz unabgelenkt auf sich schauen ...)

Welcher Teil in Ihnen möchte, dass es dunkel bleibt? Welcher Teil in Ihnen möchte, dass es hell wird?

Was würden Sie sehen, wenn es hell wäre?

Mal angenommen, es gibt etwas, das Sie nicht sehen möchten – was könnte das sein? Eine bestimmte Verhaltensweise? Ein Ziel, das sich nicht erreichen lässt? Angst vor einem unguten Ausgang? Ein Mensch, den Sie nicht sehen möchten? ...?

Und schließlich: Gibt es jemanden, der es vielleicht gern hat, wenn Sie im Dunkeln tappen? Der davon auf irgendeine Weise profitiert?

16. Das nervt mich

Mein Mann nervt!
Pia nervt mit ihrem ständigen Gejammere!
Es nervt mich, wenn Leute sich vordrängeln.
Meine Arbeit nervt.
Mein Chef nervt vielleicht!
Du kannst dir nicht vorstellen,
wie meine Mutter jedes Mal nervt!

Wie sehr wir doch immer wieder versucht sind, dieses Verb zu verwenden: *nerven*.

Nerven steht, so kommt es mir mittlerweile vor, für gefühlt mindestens 2000 andere Verben, die Gefühle präziser und besser beschreiben.

Insofern zähle ich es zu den Irrtümern, denn es verallgemeinert, wo Präzision wohltuende Klarheit schaffen würde – und klare Konsequenzen.

Wenn eine Klientin beispielsweise zu mir sagt: »Mein Mann nervt«, weiß ich nicht genau, was er da eigentlich macht. Irgendetwas Unangenehmes – aber was?

Es ist nicht schwer vorstellbar, dass die Frau auch einmal direkt zu ihrem Mann so etwas sagt wie: »Du nervst total mit deinem Auto!«

Was genau soll er sich jetzt darunter vorstellen? Was genau würde »nicht mehr nerven« bedeuten? Was soll er tun? Er weiß es nicht! Ehrlich, ich habe Mitleid mit diesem Mann, und das, obwohl ich natürlich auch die Frau verstehen kann (auch wenn sie sich so unverständlich ausdrückt). Ich übersetze das dann einfach. Kennen Sie, oder? Dass Sie, wenn Sie etwas nicht ganz verstehen, in Ihrem Kopf andere Wörter suchen, die es für Sie klarer machen. Kann man machen, muss man aber nicht.

Besser fände ich es, wenn die Frau gleich sagen würde, was Sache ist.

Denn erstens weiß sie es auf diese Weise selbst besser und bekommt Zugang zu dem, was sie wirklich fühlt. Zweitens kriege ich eine präzise Auskunft und muss nicht raten, was sie damit meint. So sind wir beide besser dran!

Was könnte sie denn stattdessen sagen?

Dazu brauchen wir eine kleine Geschichte! Mal angenommen, die beiden haben zusammen auf einen Urlaub auf den Malediven gespart und die Frau freut sich schon seit Monaten darauf. Im nächsten Monat wollen sie die Reise buchen. Nun begab es sich, dass ihr Mann im Schaufenster eines Autohauses die Felgen gesehen hat, von denen er schon als kleiner Junge träumte. Sie ahnen es bereits: Er nimmt die Hälfte des Geldes – im Glauben, es sei ja sowieso sein Geld – und münzt es in Felgen um, die er seiner Frau strahlend präsentiert. Die macht sich nicht so fürchterlich viel aus Felgen, freut sich aber ein bisschen mit, bis sie ihn fragt, von welchem Geld er die bezahlt hat. Da wird unser Mann blass und als die Wahrheit ans Licht gekommen ist, fällt jener Satz: »Du nervst total mit deinem Auto!«

Diese Geschichte ist übrigens wahr!

Was also könnte die Frau jetzt stattdessen sagen? Da gibt es einen Trick:

Was empfindet sie denn gerade? Wut, Ärger, Frust, Verletzung, Enttäuschung – so etwas in der Art. Daraus lassen sich prima Verben machen:

»Horst, ich bin sehr wütend auf dich! Ich habe mich so sehr auf unseren Urlaub gefreut, und jetzt bin ich total frustriert und enttäuscht von dir, weil du unser Urlaubsgeld für dich ausgegeben hast! Du hast mich damit sehr verletzt!«

So, nun hat Horst eine sehr genaue Beschreibung dessen, was in seiner Frau vorgeht. Vorher war sie »nur« genervt, irgendwie genervt, aber ist ja halb so schlimm, genervt sein, das vergeht ja wieder ... genervt, das ist sie doch öfter, ist nicht weiter tragisch – morgen wird's schon besser sein.

Was sie in der zweiten Fassung gesagt hat, geht da schon etwas mehr unter die Haut! Das heißt zwar immer noch nicht, dass er dann etwas anderes macht, als mit den Achseln zu zucken. Aber immerhin weiß er jetzt Bescheid: Ihr geht es echt nicht gut mit seinen Felgen! Und morgen wird das Ganze nicht einfach verflogen sein.

Auch seine Frau hat auf diese Weise Zugang zu ihren tatsächlichen Gefühlen gefunden, sich Luft gemacht, wie man so schön sagt. Wo Luft ist, kann der Atem fließen. Wenn der Atem fließt, lässt sich besser reden ...

Meine Klientin hat's probiert und der Mann hat verstanden, dass das nicht in Ordnung war. Er hat sich von einem Freund Geld geliehen und der Urlaub fand dann doch statt. So einfach ist es sicher nicht immer, aber einen Versuch ist es wert!

Wer sich verständlich ausdrückt, wird verstanden!
Das Verb »nerven« ist sehr ungenau und wird oft bagatellisierend gebraucht.
Das eigentliche Gefühlsmotiv bleibt sowohl dem Verwender als auch dem Empfänger verborgen.

> Die deutsche Sprache ist eine sehr präzise Sprache. Es gibt viele Möglichkeiten, das Wort »nerven« so zu ersetzen, dass glasklar wird, was eigentlich gemeint ist.

An die Übung auf der nächsten Seite erinnern Sie sich vielleicht noch aus der Schulzeit.

Es geht darum, Sätze aus den einzelnen Satzteilen zu bilden. In diesem Fall mit dem Ziel, das Verb »nerven« durch ein anderes zu ersetzen, was Ihnen passend scheint.*

So entsteht zum Beispiel aus »Mein Mann« – »wütend machen« – »mich« der Satz »Mein Mann macht mich wütend!«

Sie werden feststellen: Sobald Sie ein anderes Wort gebrauchen, bekommen Ihre Gefühle plötzlich eine andere Dimension, eine andere Wichtigkeit. Probieren Sie ruhig mehrere Varianten, bis es »sitzt«!

Ich hoffe, dass diese Übung Sie dazu anregt, das Wort »nerven« in Zukunft etwas weniger zu strapazieren, und Ihren wahren Gefühlen Worte zu verleihen!

---

* Die Verben sind nur Vorschläge – vielleicht finden Sie ja noch andere »Ersatz-Wörter«!

	verletzen	
	ausnutzen	
	reizen	
	ärgern	
	ängstigen	
Mein Mann	zurückweisen	
Meine Freundin	ablehnen	
Mein Freund	aufregen	
Mein Chef	kränken	
Mich	langweilen	mich
Es	verwirren	meine Gefühle
Meine Mutter	frustrieren	
Mein Vater	traurig machen	
Meine Arbeit	wütend machen	
Du	rasend machen	
	aufbringen	
	belästigen	
	verärgern	
	verbittern	
	provozieren	
	aus der Ruhe bringen	

17. Ich dreh' mich im Kreis

Ich dreh' mich schon seit ein paar Wochen im Kreis!

Diesen Satz höre ich oft, wenn jemand sich schon sehr lange mit einer Sache beschäftigt. Er hat dann das Gefühl, sich im Kreis zu drehen, meint aber natürlich damit seine Gedanken, die immer wieder um eine Sache kreisen. Was nicht heißt, dass ihm dabei nicht schwindelig werden kann ...

Falls Sie gerade in einer solchen Situation sind, lesen Sie dieses Kapitel jetzt nicht weiter, sondern holen Sie sich Papier und ein paar Stifte und folgen Sie den Anweisungen.

Dann haben Sie mehr davon! Ach ja, etwas Zeit brauchen Sie auch noch. Sagen wir 30 Minuten.

Hier ist das Bild eines Kreises hilfreich.

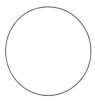

Offenbar gibt es hier weder einen Anfang noch ein Ende, das ist das Wesen eines Kreises. In diesem Bild kann es keine Lösung geben. Wahrscheinlich lässt der Schwindel schon etwas nach, wenn man sich einmal von diesem Bild verabschiedet und stattdessen ein anderes malt (legen Sie den Kreis nun beiseite, den brauchen Sie später wieder!):

_____

_____

_____

_____

_____

_____

So. Nun haben wir statt Endloskreis viele Linien hübsch untereinander aufgereiht – das ist immerhin ein Anfang, wenn auch noch kein Ende. Diese Linien stellen unsere vielen Gedanken dar. Fragen Sie sich jetzt: *Welche verschiedenen Gedanken habe ich bezüglich meiner Angelegenheit?* Und danach: *Geht es mir schon etwas besser?*

Als Nächstes heißt es priorisieren! Bringen Sie die Linien in eine Reihenfolge: *Welche Gedanken habe ich am häufigsten? Welche beschäftigen mich am meisten?*

Jetzt ordnen Sie diesen Gedanken »Personen« zu. Ich gebe Ihnen ein Beispiel:

1. Du musst dich jetzt sofort entscheiden!
   »Der Druckmacher«
2. Ich kann nicht!!
   »Die Hilflose«
3. Ich möchte kündigen, ich halt's nicht mehr aus!
   »Die Verzweifelte«
4. Wenn du kündigst, gibst du einen sicheren Job auf!
   »Die Drohende«
5. Du immer mit deinem Hadern!!
   »Der Ankläger«

Es macht übrigens durchaus Sinn, sich zu überlegen, welchen Geschlechts diese Stimmen sind. Das ist vielleicht eine heiße Spur! Wenn eine Frau zum Beispiel umgeben ist von überwiegend männlichen Stimmen, kann das sehr wohl einen Unterschied machen! Oder: Vielleicht hören Sie ja die Stimme Ihres Vaters, Ihrer Mutter? Dann sind das alte Stimmen, auf die Sie besonders empfindlich reagieren ... Nehmen Sie sich Zeit, um die vielen Stimmen in Ihnen zu hören und zu prüfen, wie Sie jeweils darauf reagieren!

Wenn Sie alle beteiligten Stimmen zusammenhaben, nehmen Sie Ihren Kreis wieder zur Hand. Diesmal allerdings stellt er etwas anderes dar: einen Tisch. Um diesen Tisch sitzen alle »Personen«, die Sie oben beschrieben haben. Im obigen Beispiel ist der »Druckmacher« am lautesten oder sagt am meisten, weil er oben auf der Liste steht, die »Hilflose« am zweitlautesten und so weiter ...

Wie ist die Stimmung am Tisch? Gespannte Erwartung? Oder reden alle durcheinander? Wie dem auch sei – nun setzt sich ein Neuer (oder eine Neue?) an den Tisch.

Diese Person nennen Sie bitte »Moderator(in)«, sie wird die nun folgende Diskussion leiten. Ihre Aufgaben sind:

- Moderieren, zum Beispiel: *Jetzt haben wir den Druckmacher gehört – was sagt denn der Verzweifelte dazu?*
- Um Ruhe bitten, wenn es turbulent wird.

- Dafür sorgen, dass jeder ausreden kann.
- Jede Stimme würdigen, zum Beispiel: *Interessant, was Sie da gesagt haben, Ankläger!*
- Übersetzen, zum Beispiel: *Ich glaube, die Hilflose möchte damit sagen, dass sie große Angst hat, eine Entscheidung zu treffen.*
- Eine lange Rede zusammenfassen.
- Höflich fragen, wenn sie etwas nicht versteht.
- Zwischendurch ein Fazit geben.

Es ist wichtig, dass Sie sich diese Situation vorstellen, auch wenn es lächerlich wirkt. Denken Sie immer daran: Das Ergebnis heiligt die Mittel! Und lassen Sie sich dabei ruhig ein wenig Spaß haben, das heiligt das Ganze.

Verfolgen Sie die »Diskussion«. Notieren Sie typische, wiederkehrende Sätze der einzelnen Personen. Sie können übrigens jederzeit noch jemanden an den Tisch setzen! Und wenn Sie so weit sind, schlüpfen Sie selbst in die Rolle des Moderators. Was sagen Sie den einzelnen Personen, damit sie sich nicht zu wichtig nehmen? Denn jede einzelne Person hat etwas Wichtiges zu der Gesamtsituation beizutragen! Sie alle sind Teile von Ihnen und möchten gehört werden, damit es Ihnen gut geht.

Notieren Sie die Sätze, die Ihnen einfallen, um die Runde zu moderieren. Am besten schreiben Sie sie auf Kärtchen, die Sie immer bei sich tragen.

Geben Sie auch dem Moderator einen Namen – ist es vielleicht »Die Sachliche«? Oder »Der Schiedsrichter«?

Nun sollte es Ihnen besser gehen. Sie haben Ordnung in Ihr inneres Stimmenchaos gebracht – und können das immer wieder tun! Wann immer Sie sich im Kreis drehen ...

18. Man sollte nicht so lange nachdenken

Man müsste jetzt mal die Steuer machen.
Man sollte über Entscheidungen nicht so lange nachdenken.
Man kann nicht in Jeans zu einem Empfang gehen.

Wer ist eigentlich dieser »man«?

Jeder kennt ihn, aber keiner weiß, wie er aussieht. Mann? Frau? Groß? Klein? Jung? Alt? Irgendwie ein bisschen von allem ...

Was hat das jetzt mit »man« zu tun? Nun, Polke spricht von »höheren Wesen«, die ihm befahlen – nicht er hat das Bild gemacht, er hat nur ausgeführt, was ihm befohlen wurde. Hätten die »höheren Wesen« gesagt, »linke obere Ecke blau malen« oder »linke untere Ecke ablecken«, hätte er auch dies getan. Vorausgesetzt, er akzeptiert diese Wesen als eine höhere Macht, die ihm diktiert, was er zu tun hat.

Ähnlich verhält es sich mit »man«: Wir haben gewisse Regeln akzeptiert, auf die sich unsere Gesellschaft geeinigt hat. »Man« steht hier also für die Allgemeinheit, die etwas beschlossen hat. Hier ein paar Beispiele für »gesellschaftliche Konventionen«:

Man isst mit Messer und Gabel.
Man gibt dem anderen die Hand zur
Begrüßung.
Man quatscht nicht einfach in den Unterricht,
man meldet sich.

Viele Sprichwörter beschreiben von einer Allgemeinheit definierte Kulturregeln und nutzen »man«, um dem Ausdruck zu verleihen:

Man soll den Tag nicht vor dem Abend loben.
Durch Erfahrung wird man klug.
Wer einmal lügt, dem glaubt man nicht.

18. Man sollte nicht so lange nachdenken

So manches »man« kommt auch ohne »man« aus,
und wird dann gern durch das passive »es« ersetzt,
auch so ein höheres Wesen!

Es ist nicht gestattet, im Hof mit Bällen zu spielen.
Es geht nicht.
Es ist strengstens untersagt, am Straßenrand Meerschweinchen zu grillen.

(Okay – Letzteres habe ich erfunden, aber Sie wissen, was ich meine. In Südamerika werden sie übrigens gern gegrillt, wenn auch nicht immer am Straßenrand.)

Oder verkürzt:
Rasen betreten verboten.

Konventionen geben uns Geborgenheit, Sicherheit: So macht man das! Wenn ich es so mache, werde ich von den anderen akzeptiert. Auf diese Weise helfen zum Beispiel unsere »höheren Wesen« den kleinen Wesen, den Kindern, sich in der Welt zu orientieren. Und auch wir größeren niedrigen Wesen haben es deutlich leichter, wenn wir wissen, »was man bei Tische macht« und was man besser lässt, wenn man nicht unangenehm auffallen möchte. So gesehen macht »man« Sinn.

Es gibt allerdings auch einen Aspekt am häufigen Gebrauch des Wortes«man«, den ich für gefährlich halte. Hierzu noch ein Beispiel: *Man entschuldigt sich, wenn man geniest hat.* Früher sagte man »Gesundheit!« zu dem, der geniest hat. Wer war hier eigentlich das maßgebliche höhere Wesen, das für diese neue Regel verantwortlich war? Die Frage nach der Verantwortung ist hier eine ganz entscheidende! Denn wann immer wir »man« sagen, geben wir unsere Verantwortung ab, wir delegieren sie an imaginäre höhere Wesen – und das ist uns manchmal ganz recht! Zum Beispiel, wenn uns dünkt, wir müssten jetzt aber auch mal wirklich endlich die Steuererklärung machen. Würde man (!) das Wort »man« durch »ich« ersetzen, hätte dies Folgen. Probieren Sie es aus, sagen Sie folgende beiden Sätze mal laut:

Man müsste mal die Steuererklärung abgeben.
Ich müsste mal die Steuererklärung abgeben.

»Man müsste mal« ist übrigens eine Bagatellisierung, die uns hilft, die Verantwortung kleiner zu machen, als sie ist. Auch hier mal ausprobieren bitte:

Man muss die Steuererklärung abgeben.
Ich muss die Steuererklärung abgeben.

Spüren Sie, wie viel stärker die Verantwortung beim zweiten Satz ist? Sprachlich ausgedrückt so etwas wie: »Tja, nun muss ich es wohl wirklich tun!«

Und wie – im Gegensatz dazu – der erste geradezu harmlos klingt, weil die Verantwortung noch bei den sieben Zwergen hinter den sieben Bergen liegt?

Wenn Sie einen Moment Zeit haben, machen Sie folgende Übung, um sich den Unterschied *fühlbar* klarer zu machen. Ja, es gibt einen Unterschied zwischen »Ich hab's verstanden!« und »Jetzt fühle ich den Unterschied«! Das eine ist kognitiv, das andere geht in den Bauch – oder, wenn Ihnen das besser gefällt: in den Teil des Gehirns, mit dem wir intuitiv erfassen, was wir übrigens permanent und meistens unbewusst tun.

Für alle Eiligen

Sie haben jetzt die Gelegenheit, zwei Übungen in einer zu machen:

1. Den Unterschied zwischen »man« und »Ich« fühlen.
2. Den Unterschied zwischen kognitivem und gefühltem Verständnis spüren.

1. Bilden Sie Sätze, in denen »man« vorkommt.

> Zum Beispiel: Man müsste mal die Blumen
> gießen. Vielleicht erinnern Sie sich ja auch »man«-
> Sätze, die Sieselbst oft sagen? Dann nehmen
> Sie diese!
> 2. Ersetzen Sie »man« durch »ich«.
> 3. Sprechen Sie anschließend beide Sätze
>   laut aus. Inwiefern fühlt sich der erste
>   anders an als der zweite?

Wenden wir uns noch einem anderen Aspekt zu. Bei »Man sollte nicht so lange über Entscheidungen nachdenken« haben die höheren Wesen etwas verfügt, was in manchen Kontexten Sinn macht und in anderen durchaus infrage zu stellen wäre. Anders gesagt: Ist es *immer* richtig, nicht lange über Entscheidungen nachzudenken? Gibt es vielleicht womöglich ein paar Situationen, in denen es gerade gut ist, nicht sofort »Ja« zu schreien? Vielleicht fallen Ihnen ja ein paar ein …? Dann erzählen Sie sie doch bitte all jenen, die meinen, sie hätten eine schlimme Krankheit, um welche es sich handelt: das chronische Hadern, meist begleitet durch heftig auftretende Selbstabwertungsschübe.

Sie lachen jetzt vielleicht, aber viele meiner Klienten leiden unter dieser Krankheit: »Wissen Sie, ich kann mich einfach nicht schnell entscheiden, bin immer hin- und hergerissen … Soll ich es so machen oder so? … Dieses ständige Hadern – furchtbar ist das!!«

Ich übersetze das einmal und fasse zusammen:

»Ich bin furchtbar, weil ich immer so lange brauche, bis ich mich entschieden habe.«

Hier gibt es irgendein höheres Wesen, das diesem Menschen einflüstert, »man« müsse sich schnell entscheiden, sonst sei »man« furchtbar. Vielleicht sind es alte höhere Wesen aus der Familie oder andere, die diesen Menschen dahingehend geprägt haben. Jedenfalls erlebt er sich gegenüber dieser Macht hilf- und wertlos. So mächtig ist diese Idee, dass er gar nicht auf die Idee kommt, es könne auch in Ordnung sein, die Entscheidung mit Bedacht und Sorgfalt zu treffen.

Manchmal geht dieser Satz noch weiter:

»Ich bin furchtbar, weil ich immer so lange brauche, bis ich mich entschieden habe. Mein Mann flippt dann immer aus ...«

Nun, in diesem Fall ist immerhin klar, dass es aktuell ein höheres Wesen aus Fleisch und Blut gibt, das diesen inneren Glaubenssatz *Man muss sich immer schnell entscheiden* aktiviert.

Kennen Sie von sich solche einschränkenden »Man sollte, müsste, darf nicht ...«-Sätze? Schreiben Sie sie auf und stellen Sie sie infrage, so wie ich das im obigen Beispielsatz schon einmal durch gespielt habe: *Muss ich immer ...? Darf ich nie ...? Ist es unter allen Umständen immer sinnvoll, dass ich ...?* Vergessen Sie nicht: Sie tragen die Verantwortung für Ihr Leben – nicht die höheren Wesen!

Zum Abschluss hier noch eine kleine Übung, die Ihnen hilft, diese »höheren Wesen« in ihre Schranken zu weisen:

Übung »Ad absurdum«
Erfinden Sie Sätze, die ein höheres Wesen sagen könnte, die aber absurd sind. Lassen Sie dabei Ihrer Kreativität freien Lauf – in dieser Übung macht alles Sinn, was keinen Sinn macht! Hier also ein paar Beispiele:

Man bohrt nicht in der Nase, man sticht hinein!
Man dümpelt nicht auf dem Humpf, man stochert!
Man hummert nicht im Dunkeln.
Man frisst mit Messer und Gabel, mein Sohn!
Man soll den Klee nicht über den Igel loben!

Jetzt sind Sie dran!
Klingt etwas albern und ist es auch! Warum sollte »man« nicht auch mal albern sein dürfen, wenn es um ernste Themen geht?

Zusammenfassung

»Man« steht für Regeln, die eine Allgemeinheit formuliert hat und die in bestimmten Kulturen verbreitet sind. »Man« macht dort Sinn, wo es für Orientierung sorgt und Sicherheit und Geborgenheit vermittelt. Beispiel: *Man gibt dem anderen zur Begrüßung die Hand.*

Die Allgemeinheit hat nicht immer recht! Allgemeine Regeln beschreiben lediglich eine sehr weitverbreitete Sichtweise, die von den meisten akzeptiert wird. Demzufolge kann die Allgemeinheit nicht immer bestimmen, was »man« tut und was nicht. Hier hilft es, die als einschränkend erlebten Sätze einmal zu hinterfragen. Beispiel: *Man gibt dem anderen zur Begrüßung die <u>gute</u> Hand.*

An dieser Stelle wäre herauszufinden, inwieweit die rechte Hand besser ist als die linke. Offenbar stammt dieser Satz noch aus Zeiten, als Linkshänder negativ konnotiert waren – in manchen Kulturen hatte dies etwas mit Hexen zu tun, in anderen mit Hygiene – folglich war die linke Hand auch böse. (Ich habe diesen Satz übrigens als Kind und Linkshänderin oft gehört!)

»Man« steht bisweilen dafür, dass nicht »ich«, sondern imaginäre »höhere Wesen« verantwortlich sind. Auf diese Weise kommt es oft nicht zum Handeln, Aufgaben bleiben unerledigt. Beispiel: *Man sollte mal zum Arzt gehen.* Hier hilft es, das »man« durch ein »ich« zu ersetzen, und die Verantwortung bewusst wahrzunehmen, die mit dem »ich« einhergeht – und mit dem »man« eher abnimmt.

Wenn Ihre Glaubenssätze sehr tief sitzen und Sie erheblich in Ihrem Leben einschränken, sprechen Sie mit einem Coach oder einem Therapeuten!

19. Eigenlob stinkt!

Dieses Kapitel ist eine Ausnahme. Die restlichen Sätze sind tatsächlich alle so von meinen Klienten oder anderen Menschen in meinem Umfeld gesagt worden – der Satz »Eigenlob stinkt!« wird selten laut geäußert, aber oft genug gedacht, und deshalb soll er auch in diesem Buch seinen Platz bekommen.

Es handelt sich um ein altes Sprichwort, das noch in vielen Köpfen spukt und dort Unheil anrichtet. Warum?

Weil wir alle viel Anerkennung und Zuwendung brauchen – von anderen und von uns selbst. Und wenn wir nicht genug davon haben – dann holen wir sie uns von anderen!

Das kann unter Umständen wesentlich schlimmer »stinken«, als dies das Eigenlob vermeintlich tut, wie das folgende Beispiel zeigt:

Brigitte ist Mitte 30 und arbeitet als Bürokauffrau. Sie ist – wie sie lachend erzählt – »nicht nur die rechte, sondern auch die linke Hand des Chefs«, und in letzter Zeit deshalb ziemlich erschöpft, weshalb sie bei mir ist. Später stellt sich heraus, dass sie auch für die anderen zwölf Mitarbeiter sowohl die linke als auch die rechte Hand ist. Dabei gehen die »Jobs«, die sie für andere erledigt, weit über den Arbeitsplatz hinaus. So ist es üblich, dass sie für Familienangehörige der Mitarbeiter Geschenke besorgt, Hochzeiten organisiert und abends manchmal für einen schriftstellerisch ambitionierten Kollegen dessen Geschichten Korrektur liest.

Ich mache an dieser Stelle mal einen Break: Was läuft gerade in Ihnen ab, während Sie das lesen? Kennen Sie so etwas in dieser oder einer abgeschwächten Form von sich oder anderen? Haben Sie schon eine Idee, was das mit dem alten Sprichwort zu tun haben könnte? Ich helfe Ihnen:

> Eigenlob stinkt – und deshalb hol' ich mir Lob – von anderen wo und wann es geht!

Brigitte ist Single und lebt allein. Sie hat abends viel Zeit und sie tut anderen, wie sie sagt, »schrecklich gern« einen Gefallen. Dass dies im Zusammenhang mit ihrer Erschöpfung steht, ist ihr »schon klar«, aber sie »kann nicht anders«: »Ich mach' das halt so gern!«

Offenbar braucht sie die Anerkennung der anderen, auch das ist ihr bewusst, allerdings nicht, *wie sehr* sie sie braucht. Brigitte ist abhängig vom Lob der anderen – ohne das fühlt sie sich leer, wertlos, ungeliebt. Andererseits weiß sie auch, dass es so nicht weitergehen kann. Sie schläft schlecht, wacht nachts auf, kann nicht mehr einschlafen, geht in Gedanken ihre ellenlange To-do-Liste durch: Was, wenn es das Geschenk für Kollege X nicht mehr gibt? Wo könnte sie es noch kriegen? Hätte sie vielleicht doch die blauen Perlen nehmen sollen? Sie könnte ja morgen noch schnell vor dem Büro …

Brigitte befindet sich in einer Zwickmühle:

Verlust von Anerkennung ⟵⟶ Erschöpfung

Auf der einen Seite die Abhängigkeit der Anerkennung von anderen – auf der anderen ihre Erschöpfung, die für sie immer bedrohlichere Ausmaße annimmt. Geht sie nach links, entscheidet sie sich für die Erschöpfung, geht sie nach rechts, entscheidet sie sich für den Verlust von Anerkennung. Was immer sie tut, ist »falsch«. In beiden Fällen schadet sie sich selbst.

Im weiteren Verlauf unserer Coaching-Sitzungen entscheidet sich Brigitte für eine Seite: Sie möchte weniger abhängig vom Lob anderer sein. In dieser Sitzung schlage ich ihr vor, dass sie sich einmal so richtig *dolle* selbst lobt.

»Eigenlob stinkt!«, kommt es da wie aus der Pistole geschossen aus dem Sessel gegenüber.

»Wer sagt das?«, möchte ich wissen (siehe auch Kapitel »Man sollte ...«, Seite 123).

»Das ist so!«, sagt Brigitte und muss dann selbst lachen, weil sie es so laut und bestimmt gesagt hat. »Als wäre ich ein König!«, lacht sie.

»Gibt es einen König in Ihrem Leben, der so etwas gesagt haben könnte?«

»Mein Papa«, kommt es wieder sehr schnell herausgeschossen, »und der hat es wahrscheinlich von seinem Papa, also meinem Großvater, der hat das immer gesagt. Als ich klein war ...«

Und so erzählt Brigitte von den Königen und Königinnen in ihrem Leben, nach deren »Eigenlob-stinkt-Maxime« sie immer noch lebt – ohne sie zu hinterfragen.

In diesem Fall war es offensichtlich aus dem Elternhaus übernommen. Es gibt andere Beispiele, in denen die Herkunft nicht so leicht nachzuverfolgen ist. Manchmal gibt es überhaupt keine Hinweise, dann kommt der Satz vielleicht vom »Ober-König«, der Kultur, in der wir aufgewachsen sind und die uns geprägt hat. Unabhängig davon, woher wir als Kinder unsere Ideen vom Leben beziehen, machen wir uns einen eigenen Reim darauf – und der ist relevant. Und: Wir können diesen Reim immer wieder umdichten und umformulieren!

Für Brigittes Gedicht-Neufassung war es wichtig, dass sie sich ihren Vater noch einmal ins Gedächtnis rief, in welcher Zeit er aufgewachsen war und wie sehr es damals auf dem Lande generell verpönt gewesen war, sich selbst zu loben.

Damals war das so – ob es für Brigitte heute noch genauso ist, entscheidet sie ganz allein. Sie hat jetzt die freie Wahl, wie sie sich in Bezug auf Eigenlob verhalten möchte.

Sie entschied sich dafür, es zu probieren, und merkte schnell, dass ihr die Worte dafür fehlten. Also erarbeiteten wir für sie einen neuen Wortschatz, mit dem sie sich loben konnte, wann immer sie wollte. Was soll ich sagen – nach einer Weile gefiel es ihr richtig gut! Dementsprechend war sie auch immer weniger bereit, permanent für andere Jobs zu erledigen. Diese Veränderung hatte natürlich auch Folgen für Ihr Umfeld! Es ist wichtig, den Kontext zu berücksichtigen, in dem neues Verhalten angewendet wird. Wie man sich vorstellen kann, waren die Kollegen wenig erbaut davon, dass Brigitte jetzt lieber Kegeln ging, statt sich den Kopf über Geschenke zu zerbrechen oder Manuskripte zu lesen. Es hat seine Zeit gedauert, bis sie das akzeptiert haben, und Brigitte hat noch ein paar Anerkennungs-Abhängigkeits-Runden gedreht, weil die anderen sie natürlich immer wieder »eingeladen« haben, in ihr altes Verhaltensmuster zurückzukehren. Aber Brigitte war sich nun dessen bewusst und wurde immer besser im »Nein«-Sagen.

Die Moral von der Geschicht': Loben Sie sich lieber selbst, bevor sie davon abhängig werden, dass andere es tun!

Wenn es Ihnen schwerfällt, holen Sie sich Unterstützung von Ihrer Familie und ihrem Freundeskreis – denen fällt bestimmt etwas ein. Vielleicht bekommen Sie auf diese Weise einen neuen Lob-Wortschatz!

Einer anderen Klientin half folgende olfaktorische Übung dabei, dem stinkenden Eigenlob den Schrecken zu nehmen:

Mal angenommen, Eigenlob stinkt nicht, sondern duftet lecker. Nach was würde es riechen?
Wählen Sie einen Lieblingsduft Ihrer Wahl – ist es Vanille, Rosmarin, Basilikum? Sind es Veilchen, Rosen, Maiglöckchen? Oder ist es vielleicht Ihr Lieblingsparfüm? Wonach soll Ihr zukünftiges Eigenlob riechen?

Mit dieser Übung verknüpfen Sie Ihre bisherige Einstellung zum Eigenlob mit einem neuen Bild (je nachdem, was Sie gewählt haben) und zugleich mit einem Ihrer Sinne, nämlich Ihrem Riechorgan. Auf diese Weise bahnen Sie neue Vernetzungen in Ihrem Gehirn an. Sie können das Ganze noch unterstützen, indem Sie tatsächlich an Ihrem gewählten Duft riechen, ihn tief einatmen und etwas Gutes über sich sagen. Wann immer Sie dann diesen Duft riechen, werden Sie daran erinnert werden, dass Sie sich mal wieder loben könnten.

Mein Eigenlob-Duft ist übrigens der Geruch von frisch gebackenem Brot. Deshalb habe ich in Bäckereien häufig den

Impuls, mir in Gedanken etwas Nettes zu sagen. Das versetzt mich augenblicklich in eine gute Stimmung, was nicht selten in ein strahlendes Lächeln der Bäckereifachverkäuferin mündet, die dann nicht selten etwas Nettes über mich sagt. Manchmal ist das Leben ganz einfach ...

20. Das Problem ist ...

Viele Menschen nennen jede auch noch so kleine Schwierigkeit ein Problem. In unserer Kultur scheint es eine kollektive Liebe zum Problem zu geben. *Problem* ist das Königswort für ...

- alles, was uns nicht gelingt,
- alles, worunter wir leiden,
- alles, was uns Sorgen und Angst macht,
- eine schwierige/unangenehme Aufgabe, die vor uns liegt,
- Menschen, die nicht tun, was wir möchten,
- ein kniffliges Rätsel,
- Streit,
- Fragen, die nicht in die Kategorie »Wie viel ist 1 x 1?« fallen.
- schwierige Situationen,
- alles, was höhere Mächte uns auferlegen, ohne dass wir meinen, etwas dagegen tun zu können,
- alles, was wir sehen, wenn wir schlechte Laune haben und vieles mehr.

Ein Mädchen für alles, sozusagen. Und das ist schon *ein* Problem mit dem Problem: Es ist unpräzise. Wann immer wir also sagen, dass wir ein Problem haben, drücken wir uns ungenau aus. »Ich habe Probleme mit meinem Magen!« – »Dann kaufen Sie sich einen neuen!«, wird der Arzt nicht sagen, sondern sicher mit vielen Fragen versuchen, das Problem zu erfassen, es zu präzisieren, denn erst dann kann er etwas dagegen tun.

Ähnlich verhält es sich mit dem Satz »Mein Mann ist das Problem«. Tja – da kann man nichts machen! Der Arme – sicher sehr unangenehm, ein Problem zu sein! Weiter geht es hier nur, wenn man präzisiert: Inwiefern verhält sich der Mann problematisch? In Bezug auf was oder wen? In welchen Situationen (sicher nicht immer)? Des Weiteren wäre es gut zu erfahren, ob der Mann das genauso sieht. Aber das macht jetzt ein neues Fass auf, das ich an dieser Stelle gern zulassen möchte.

Wann immer man nicht differenziert und präzisiert, bleibt es den anderen überlassen, was sie darunter verstehen. Das wiederum hängt davon ab, wie sie gestrickt sind: Für einen unerschrockenen Extrem-Bergsteiger ist ein Problem etwas anderes als für einen Fahrkartenkontrolleur. Jedem Tierchen sein Problemchen!

Weil das »Problem« so vielseitig einsetzbar ist, wird es inflationär gebraucht:

»Meine Espressomaschine macht Probleme.« – »Echt? Meine macht nur Kaffee!«
»Das Problem mit der Lippenstiftfarbe ist …«
»Das Problem ist, der Bus fährt erst um …«

Wenn eine kleine Störung, etwas leicht Unangenehmes schon ein Problem darstellt, ist das Wort entwertet. Die eigentlichen Probleme müssen wir dann schon mit Adjektiven aufwerten, damit sich die Überschwemmung noch von einem Lippenstift unterscheidet: Ein großes, schlimmes, wirkliches, entsetzliches … Problem, so eine Überschwemmung!

Das »Problem« ist ein Problem der Deutschen, weil es kein anderes Wort dafür gibt. Damit ist es unmöglich, es zu spezifizieren oder es mit mehr oder weniger negativem Potenzial anzureichern. Der englischsprachige Raum hat es da schon besser: Dort haben Sie die Wahl zwischen ...

- issue (Thema, Gegenstand)
- trouble (Kummer)
- question (Frage)
- complication (Komplikation)
- difficulty (Schwierigkeit)
- puzzle (Rätsel oder bildhaft viele Teilchen)
- job (Aufgabe)
- obstacle (Hindernis)
- predicament, dilemma (Dilemma)
- uncertainity (Unsicherheit)

Der grundsätzlich positiver gestimmte Amerikaner verwendet gern auch folgende beiden Begriffe:
- opportunity (Gelegenheit)
- challenge (Herausforderung)

(Wunderbar übrigens der amerikanische Ausdruck »can of worms« – DAS wäre ein Problem für mich!!)

Tipp

Wann immer Ihnen in Zukunft das Wort »Problem« über Ihre Lippen zu schlüpfen droht, versuchen Sie es mit einem der oben aufgelisteten Worte. Sie werden überrascht sein, wie anders sich das gleich anfühlt – und um wie viel näher Sie damit an der Lösung sind!

Noch ein wichtiger Aspekt: Manche Menschen haben »gern« Probleme. Gründe dafür gibt es viele (siehe unten) und sie sind nachvollziehbar.

Manche Menschen meinen sogar, ein Problem zu haben, wenn sie keins haben. Oft sind das Leute, die in einer schwierigen Situation aufgewachsen sind und früh Verantwortung für sich und sogar andere übernommen haben. Jene haben schon sehr früh die Welt als Problem erlebt – Problem = Normalität – und sich selbst als Problemlöser. Letzteres hat ihnen vielleicht Anerkennung gebracht (»Guck mal, wie toll die Kleine sich um ihren kranken Bruder kümmert!«), und so werden sie als Erwachsene vielleicht zu nimmermüden Problemspürhunden mit überdurchschnittlich großer Lösungskompetenz.

Warum ich vielleicht so gern (ein) Problem(e) habe:
- Ich kenne es nicht anders, es ist Teil meiner Kultur: Ich habe gelernt, negativ auf die Welt zu schauen.
- Ich löse gern Probleme, deshalb hab' ich gerne welche.
- Wenn ich sage, dass ich ein Problem habe, bekomme ich Aufmerksamkeit.
- Wenn ich ein Problem habe, helfen mir andere, es zu lösen – dann muss ich es nicht selbst machen!

Zu guter Letzt noch ein weiteres Problem mit dem Problem: Es lässt uns automatisch auf die negative Seite schauen. Das führt dazu, dass wir eher auf das schauen, was Probleme macht, als auf das, was gut ist.

Ich wurde noch nie zu einem Lehrergespräch geordert, wenn es etwas Gutes über meinen Sohn zu berichten gab – lediglich wenn er *Probleme machte* oder *es mit ihm Probleme gab*, war plötzlich Gesprächsbedarf! Auch habe ich noch nie einen Brief von einem Lehrer bekommen, in dem stand, dass mein Sohn eine Bereicherung für die Klasse ist und tolle Aufsätze schreibt. Die Briefe, die ich bekommen habe, hatten einen gemeinsamen Nenner: ein Problem!

Und meistens war es keins.

21. Ich möchte gern die richtige Entscheidung treffen!

Ja, wenn Sie mir verraten, wo das Land ist, in dem man richtige Entscheidungen treffen kann, komme ich gern mal mit! Kleiner Scherz, mit dem ich sagen möchte, dass es die richtige Entscheidung ebenso wenig gibt wie die falsche. Ob etwas richtig oder falsch ist, liegt im Auge des Betrachters. Was für den einen richtig ist, kann für den anderen falsch sein. Wer bestimmt darüber? Sie selbst oder irgendwelche »höheren Wesen«? (Siehe auch Kapitel »Man sollte ...«, Seite 123).

Die Angst, etwas falsch zu machen, ist weitverbreitet. Überhaupt wird in unserer Kultur gern vieles in die »Richtig«- oder »Falsch«-Schublade einsortiert, wahrscheinlich zwecks besserer Übersicht: »Die Guten ins Töpfchen, die schlechten ins Kröpfchen.« (Ich habe mich übrigens immer gefragt, was »Kröpfchen« bedeutet. Wissen Sie's?). Schwarz und Weiß lässt sich eben schneller einordnen, als wenn man dazwischen noch 3000 Graustufen hat. Demzufolge existiert eine regelrechte Sehnsucht danach, etwas richtig zu machen, und eine große Angst davor, etwas Falsches zu tun. Dazwischen gibt es wenig.

Als »richtige Entscheidung« wird oft jene bezeichnet, die »man später nicht bereut«. Aber woher soll man das vorher schon wissen?

Nun kommen wir ja mit vielen wichtigen Werkzeugen auf die Welt, die wir im Laufe der Zeit weiterentwickeln und die uns gute Dienste leisten. Eines aber ist meines Erachtens nicht dabei: die Hellseher-Lupe. Wir können daher dummerweise nicht wissen, wie etwas sein wird. Wir können es erahnen – und vor allem können wir unser Bestmögliches tun, damit etwas gut wird. Ob das dann so wird, hängt leider, leider nicht nur von uns ab! (Stellen Sie sich vor, das wäre so – unser Leben wäre ganz schön langweilig!)

Wenn wir meinen, wir müssten die richtige Entscheidung treffen, so gehen wir davon aus, dass es möglich ist, sich richtig zu entscheiden. Das wäre aber nur dann der Fall, wenn es in unserer Macht stünde, eine solche Entscheidung zu treffen. Und das wiederum wäre durchaus möglich, wenn wir so etwas wie ein Gott wären oder irgendein höheres Wesen, welches die Macht besitzt, eine richtige Entscheidung zu treffen. Sie werden mir vielleicht zustimmen, wenn ich behaupte, dass wir Menschen sind – und wir können deshalb eben nur in gewissem Maße Entscheidungen beeinflussen. Damit wäre die Möglichkeit einer richtigen Entscheidung ausgeschlossen – sorry!

> **»Ja« oder »nein«?**
> Ich bin ein Mensch.
> Ich bin ein Gott oder ein anderes höheres Wesen.
> Ich habe die Macht, richtige Entscheidungen zu treffen.
> Ich hätte manchmal gern diese Macht.
> Ich ärgere mich bisweilen darüber, dass ich nicht in die Zukunft sehen kann.
> Ich erkenne an, dass dies nicht in meinen Möglichkeiten liegt.
> Ich kann mein Bestmögliches tun, um die Wahrscheinlichkeit zu erhöhen, dass es eine gute Entscheidung für mich ist.
> Ich liste jetzt sofort auf, was ich dafür tun könnte.

Falls Sie sich gerade spontan dazu entschlossen haben, ein höheres Wesen zu sein, brauchen Sie nicht mehr weiterzulesen. Sollten Sie sich aber zum niederen Menschsein bekannt haben, kann ich Ihnen vielleicht noch den einen oder anderen Impuls zum Thema »richtige Entscheidung« geben …

Impuls 1: Wer ist der Chef?

Wer bestimmt im Falle Ihrer Entscheidung, ob sie richtig oder falsch ist? Gibt es eine äußere oder innere Instanz, die Ihnen vorschreibt, was richtig ist? Gucken Sie mal, wer da spricht! Hat er in Ihrem Falle überhaupt etwas zu sagen??

Manchmal ist es ja gleich die ganze Gesellschaft, die da in uns spricht, quasi Millionen von Stimmen, die zum Beispiel sagen, dass es für eine Frau richtig ist, dass sie Kinder bekommt. In meinem Bekanntenkreis gibt es mittlerweile einige Frauen, die sich aus gutem Grunde dagegen entschieden haben und immer noch mit dieser Entscheidung hadern: Sollte ich vielleicht doch? Und wo kriege ich so schnell einen Mann her, den ich liebe und der sofort ein Kind möchte? Die Gesellschaft hält ihnen einen Spiegel vor, und darin sehen sie nicht gut aus. Was ist nun richtig? Ist es richtig, auf all die anderen zu hören und nicht auf sich selbst?

Impuls 2: Ich hab' dich lieb, wie auch immer das Leben weitergeht!

Wie wäre es, wenn Sie jetzt in diesem Moment entscheiden, dass – wie auch immer Sie sich *jetzt* entscheiden – Sie *später* nicht böse auf sich sind? Dass Sie sich insbesondere dann, wenn eine Entscheidung sich im Nachhinein als weniger gut erwiesen hat, in den Arm nehmen und zu sich selbst sagen: »Du hast dein Bestes getan. Es geht eben manchmal schief.

Komm, wir gehen ein Eis essen ...« Stellen Sie sich diese Szene genau vor. Würde Sie das entlasten?

Impuls 3: In Bezug auf wen ist »richtig« richtig?

Jede Entscheidung bezieht sich in irgendeiner Form auf (einen) andere(n) Menschen.

Für wen hat Ihre Entscheidung Bedeutung? Wer ist mit im Boot? Klären Sie mit derjenigen Person, inwiefern Ihre Entscheidung Ihr gemeinsames Leben beeinflussen wird. Holen Sie sich »Absolution«: Auch wenn du jetzt eine Entscheidung triffst, die du später bereust – ich bleibe an deiner Seite und bin dir nicht böse!

Impuls 4: Der Zeitpunkt der Entscheidung entscheidet über die Entscheidung.

Neulich kam eine junge Abiturientin zu mir und wollte mit mir erarbeiten, welches Studium »das richtige« für sie sei. Wie Sie sich denken können, haben wir unser Bestmögliches getan, um an diesem Tag zu dieser Stunde die Wahrscheinlichkeit zu erhöhen, dass sie zum jetzigen Zeitpunkt eine für sie gute Entscheidung trifft, nachdem wir ausgeschlossen haben, dass sie Gott ist. Zu einem anderen Zeitpunkt und unter anderen Umständen wäre die Entscheidung wahrscheinlich anders ausgefallen. Auch unsere Tagesform bestimmt darüber, wie wir entscheiden. Wählen Sie daher einen Tag, an dem Sie sich gut in Ihrer Haut fühlen!

Impuls 5: Worst-Case-Szenario

Angenommen, Sie haben sich in Ihren Augen falsch entschieden. Welche Konsequenzen hätte das? Hier ist es sehr wichtig, dass Sie sich das Szenario ganz konkret vorstellen. Was genau würde dann mit Ihnen passieren, mit anderen? Inwiefern wäre Ihr Leben dann anders?

Wenn Sie ein paar Dinge aufgelistet haben, fragen Sie sich: Wäre das vielleicht gar nicht so schlimm? Wäre es aushaltbar? Wie wäre es wiedergutzumachen, aufzufangen? Wer könnte Sie darüber hinwegtrösten, dass es sich nicht ausgegangen ist, wie der Wiener sagt?

Der Wiener sagt auch noch andere schöne Dinge, wie zum Beispiel: »Es is' zum Krenreibn!«, und damit meint er: »Es ist sinnlos!«. Gehen wir also auf den Markt, einen Kren (= Meerrettich) kaufen, den können wir dann reiben, während wir darüber nachdenken, wie sinnlos es ist, *die* richtige Entscheidung treffen zu wollen. Grüß Gott!

22. Es ist frustrierend!

Es ist nun an der Zeit, einmal von meinem letzten Buch *Gefühlsinventur** abzuschreiben. Ein bisschen jedenfalls. Ich mach' das nicht so gern, aber andererseits möchte ich auf dieses Thema nur ungern verzichten, weil es so häufig Thema ist. Ich habe in diesem meinen Konflikt die für mich aktuell richtige Entscheidung getroffen (siehe auch Kapitel »Ich möchte die richtige Entscheidung treffen«, Seite 145), und hoffe, dass jene auch für Sie richtig ist.

---

* Dasa Szekely: *Gefühlsinventur. Das Buch über mich.* Ariston Verlag: München, 2010. Seite 138f.

Die Formulierung »Es ist« hat viele Varianten:

Es ist stressig.
Es ist anstrengend.
Es ist ermüdend.

Vielleicht kennen Sie von sich noch andere solcher Sätze?

Durch »Es ist« entsteht eine Distanz zu einem Gefühl oder einem Affekt, der sich im Verhalten mitunter recht ungünstig auswirkt. Warum? Weil die Person, die »es ermüdend« oder die »es stressig« empfindet, in diesem Satz nicht vorkommt. Dabei ist sie es doch, die fühlt!

Durch »Es ist ...« entsteht eine Distanz zwischen dem Gefühl und der Person, die dieses Gefühl fühlt.

Diese Distanz hat Konsequenzen:

1. Wenn nur »es« stressig oder ermüdend ist, hat es vermeintlich nichts mit mir zu tun.
   Vermeintlich – denn meistens hat es sehr wohl etwas mit uns zu tun, weil wir zu jeder Situation in irgendeiner Weise beitragen.
2. Wenn es nichts mit mir zu tun hat, muss ich auch keine Verantwortung dafür übernehmen: »Da kann ich nichts machen.« Oder: »Die anderen

sind schuld, Gott sei Dank!« Oder: »Das muss ich dann wohl in Kauf nehmen.«
3. Wenn das Gefühl weit von mir entfernt ist, wird es kleiner und ich neige leichter zu einer Bagatellisierung à la »Das fühle ja nicht ich, dann ist es nicht so schlimm, dann kann ich es ja so lassen«.

Am Beispiel von »Es ist stressig« möchte ich Ihnen zeigen, wie viele unterschiedliche Bedeutungen es für einen Menschen haben kann, wenn er die Nähe zu seinem Gefühl zulässt. Dazu formuliere ich einfach um, von »Es« zu »Ich«:

»Es ist stressig« kann bedeuten:

- Ich stresse mich selbst.
- Ich stresse andere.
- Ich lasse mich leicht von anderen stressen.
- Ich empfinde eine Situation als stressig, die vielleicht per se gar nicht stressig ist.
- Ich bewege mich in einem Stress-affinen Umfeld.
- Ich bin gerne gestresst, weil ich mich dann als besonders lebendig erlebe.
- Ich glaube, Stress gehört zum Leben dazu, Stress ist normal.
- Ich stresse mich oft, weil ich dafür Anerkennung bekomme.

Und, erkennen Sie sich vielleicht in der einen oder anderen Formulierung wieder?

Spielen Sie die verschiedenen Sätze mit Ihrem Gefühl durch! Welcher der Sätze hat in Ihnen die meiste Resonanz? Indem Sie die für Sie stimmige Bedeutung herausfinden, können Sie bewusst für Ihre Situation Verantwortung übernehmen – und etwas daran verändern!

Wenn Sie das möchten!

Nicht jeder möchte das. Manche Menschen fühlen sich trotz der erlebten Missstände besser in ihrer Misere, erleben ihre Situation vielleicht als kleineres Übel im Vergleich zu einer großen Veränderung, für die sie einen ungleich höheren Preis zahlen müssten. Das meine ich durchaus nicht ironisch! Es gilt immer sorgsam abzuwägen, ob jemand bereit ist, einen hohen Preis zu zahlen beziehungsweise welchen Preis er zahlen kann und möchte. Anders gesagt: Wer nicht wirklich will – der lässt es bleiben! Da können 20 Coaches an ihm zerren und der Ehegatte noch dazu ...

Haben Sie gerade das Gefühl, dass Sie etwas verändern möchten?

Dann machen Sie den ersten Schritt mit folgender Übung, die ich aus meinem Buch geklaut habe:

Vom Es zum Ich*

Haben Sie einen typischen »Es ist«-Satz, den Sie häufiger verwenden?
Dann vergewissern Sie sich, dass Sie allein oder zumindest ungestört sind. Stellen Sie sich vor einen Spiegel und sagen Sie laut zu sich:

»Ich bin wirklich sehr gestresst!«
»Ich bin wirklich sehr erschöpft!«
»Ich bin wirklich sehr frustriert!«
»Ich bin wirklich sehr wütend!«
»Ich bin …« – was immer Ihr »Es-Gefühl« ist.

1. Wiederholen Sie den Satz/die Sätze so lange und laut, bis Sie das Gefühl richtig spüren können. Steigern Sie sich hinein, lassen Sie Ihren Gefühlen freien Lauf, übertreiben Sie: Brüllen Sie, heulen Sie, stampfen Sie mit dem Fuß auf – tun Sie alles, was Sie sich selbst (und Ihre Nachbarn Ihnen) erlauben.
2. Setzen Sie sich, atmen Sie mehrmals tief ein und aus. Nehmen Sie bewusst wahr, wie es Ihnen jetzt geht. Besser? Schlechter? Was ist jetzt anders? Versuchen Sie, dabei auch die kleinste Kleinigkeit zu registrieren.

---

* Dasa Szekely: *Gefühlsinventur. Das Buch über mich.* Ariston Verlag: München, 2010. Seite 138f.

3. Fragen Sie sich: Bin ich jetzt bereit, Verantwortung für meine Gefühle zu übernehmen? Bin ich jetzt bereit, den Preis für Veränderung zu zahlen? Wenn nicht, erkennen Sie sich dafür an, dass Sie sich Ihren Gefühlen gestellt haben. Vielleicht ist die Zeit noch nicht reif. Wiederholen Sie die Übung in ein paar Wochen.

Finden Sie die Übung ein bisschen übertrieben? Verrückt? Ich finde, manchmal ist es besser, verrückte Dinge zu tun, als Dinge als unverrück(t)bar zu empfinden. Was meinen Sie?

23. Ich hab' mich echt gequält ...!

Und, geht es Ihnen jetzt besser ...?

Es mag vielleicht merkwürdig erscheinen, aber Menschen, die so etwas von sich sagen, ziehen eine gewisse Befriedigung daraus, dass sie sich quälen. Da liegt die Vermutung nahe, dass es ihnen danach besser geht. Zwar sieht man ihnen das nicht unbedingt an – sie sehen meist ziemlich erschöpft und verzweifelt aus –, aber irgendeiner Seite in ihnen geht es damit prima. Würden sie es sonst tun?

Wenn ich sage »einer Seite in ihnen«, gehe ich davon aus, dass wir in uns viele Seiten haben, die durchaus unterschiedlicher Meinung sein können. So kann eine andere Seite des Gequälten sich danach sehnen, das Leben möge weniger anstrengend sein.

Und natürlich: All unsere Seiten sind uns nicht immer bewusst! Das meiste in uns spielt sich im Unbewussten ab – erst wenn wir es uns ins Bewusstsein holen, können wir etwas damit anstellen.

> **Wir haben viele Seiten in uns – wir sind viele!**
> Diese Seiten können gegensätzlich sein.
> Diese Seiten sind uns nicht immer bewusst.
> Es hilft, sich die »Gegenseite« bewusst zu machen:
> Wonach sehne ich mich, während ich unter der anderen Seite leide?

So geschah es bei Irene, einer smarten Mittfünfzigerin, die sehr dazu neigte, sich zu quälen. Dies war ihr aber zunächst nicht bewusst. Typischerweise dachte sie, sie müsse sich *noch mehr* quälen, damit ihr Leben in Zukunft leicht und locker würde:

»Warum mache ich es mir nur so schwer? Ich hab' schon so viel darüber nachgedacht! Gott, was hab' ich mich schon gequält …! – Ich hab' schon ein paar Seminare gemacht, Zeitmanagement und so. Hat nichts geholfen. Aber vielleicht gibt es ja noch etwas, was Sie mir raten können. – Haben Sie noch eine Aufgabe, die ich zu Hause machen kann? Ich

komm' zwar immer erst spät vom Job, aber wenn's hilft, setze ich mich gern auch noch abends hin ...«
Uff!

Solange Irene ihr »Ich muss mich ganz doll quälen«-Verhaltensmuster nicht bewusst war, verhielt sie sich konsequent weiter ihrem Muster entsprechend.

Es gab aber noch eine andere Seite in ihr, und die wollte das nicht mehr. Diese Seite hatte mir eine Mail geschrieben.

Ich sprach also mit dieser Seite, fragte sie, wonach sie sich sehnt. Sie lächelte, schaute verträumt nach oben und sagte: »Ich möchte in Zukunft leichter an die Dinge herangehen ... mehr genießen ...« Sodann verzog sich ihr Gesicht und sie sah mich verzweifelt an: »Ich will mich nicht mehr immer so quälen!!«

Ooops – im zweiten Satz kam die andere Seite wieder zum Vorschein – sie war schon wieder in ihr Muster gerutscht! Das geht schnell ...

Nun war ich natürlich von Irene herzlich eingeladen worden, mit ihr gemeinsam herauszufinden, *warum* das alles so war. Ich hätte mit ihr die wahrscheinlich sehr tief liegenden Ursachen analysieren können, wir hätten eine gründliche Bestandsaufnahme der möglichen Einflüsse durch Personen, die im Zusammenhang mit dem Problem stehen, vornehmen können, und vieles mehr (siehe auch Kapitel »Warum ist das bloß so?«, Seite 29). Mit anderen Worten: Wir hätten uns gemeinsam und miteinander quälen können!

Ich quäle mich und andere aber nicht so gern, und auch Irene war ja eigentlich bei mir, um damit aufzuhören, also schien mir das keine gute Idee zu sein.

Also schickten wir Irenes Quälgeist auf den Spielplatz!

In der Nähe meines Ladens ist nämlich ein Spielplatz, dort würden sich sicher ein paar Mütter finden lassen, die bereit wären, sich ein bisschen von Irenes Quälgeist heimsuchen zu lassen. Hier muss ich kurz ausholen: Ich kenne viele Mütter, die sich gern gequält geben (also: Eine Seite von ihnen tut das jedenfalls). Damit bringen sie unüberhörbar zum Ausdruck, wie würdigungswürdig ihr täglicher Einsatz ist: Schau, wie ich SCHWITZE!! Siehst du, wie KAPUTT ich bin? Tatsächlich – und das meine ich total ernst! – findet das Muttersein immer noch viel zu wenig Anerkennung (sich selbst anerkennen ist ja leider verpönt, siehe Kapitel »Eigenlob stinkt«, Seite 133). Würde man einer Mutter öfter sagen, was für einen tollen Knochenjob sie macht, die Menge der gequält dreinschauenden Mütter würde proportional sinken! Liebe Mütter, ich bin auch eine, ich bin auf eurer Seite, und hiermit würdige ich euch!

Wir schickten also Irenes quälende Seite auf den Spielplatz: Ich stand auf, geleitete die Seite hinaus zur Tür, öffnete sie und wünschte ihr eine schöne Zeit. Als ich zurückkam, sah Irene mich an, als wäre sie der Coach und ich die Klientin.

»So, nun sind wir allein!«, sagte ich, um ihren Eindruck noch zu verstärken. »Was machen wir jetzt?«

Irene schaute mich groß an. Irene grinste. Irenes Grinsen wurde breiter. Und dann platzte sie mit einem Lachen heraus, das ich bei ihr nicht vermutet hätte. Minutenlang, so schien es, schüttelte sie sich vor Lachen. Ich schwöre – es war so, als hätte ich die schwere, quälende Seite wirklich weggeschickt, und nun saß da die leichte Irene und lachte sich schlapp. Ich sagte ihr das und sie sagte: »So kommt es mir auch vor. Sehr merkwürdig!« Und dann lachte sie wieder.

Wir unterhielten uns anschließend noch sehr gut – mit der leichten Seite von Irene. Wir haben sie nach ihren Bedürfnissen gefragt, wir haben sie gewürdigt und uns überlegt, wie Irene sie in Zukunft mehr würdigen könnte, ganz konkret. Als der Quälgeist zurückkam, hatte er keine Chance, gegen Irenes gute Laune etwas auszurichten. Quietschvergnügt nahm sie ihre quälende Seite in Empfang und war sehr bereit, auch diese unangenehme Seite ihres Menschseins zu würdigen. Das ist wichtig! Schließlich gehören sie beide untrennbar zusammen. Und genau weil das so ist, wirkt eine Seitentrennung auf Zeit manchmal wahre Wunder. Das ist wie in einer echten Beziehung! Es kommt dabei natürlich darauf an, wie man diese Zeit gestaltet.

 Schicken Sie die Seite in Ihnen, die Sie quält, ärgert, nervt ... aus dem Zimmer. Oder in eine Zimmerecke, wenn Sie sie noch aus der Ferne sehen möchten. Beschäftigen Sie sich bewusst mit der

Seite, die Sie jetzt stärker in sich spüren möchten: Was möchte diese Seite mehr haben? Was braucht sie gerade?
Ich bin sicher, sie ist eher bereit zu sprechen, wenn die andere weg ist!

Holen Sie anschließend Ihre quälende, gestresste ... Seite wieder »herein« und würdigen Sie auch diese: Was möchte sie? Möchte sie vielleicht auf etwas aufmerksam machen? Hören Sie ihr gut zu und seien Sie dankbar für ihre wichtigen Informationen.

Anschließend vereinen Sie Ihre beiden Seiten wieder bewusst in sich: Ihr gehört beide zu mir! Machen Sie sich auch bewusst, dass Sie jederzeit die Wahl haben, für welche der beiden Seiten Sie sich entscheiden.

Irene und ich haben die Auszeit genutzt, um sie wieder mit ihrer leichten Seite zu verbinden. Mit meiner kleinen Show-Einlage habe ich ihr bewusst gemacht, dass sie jederzeit die Wahl hat, sich für eine der beiden Seiten zu entscheiden. Natürlich fiel ihr das in den kommenden Wochen noch schwer – schließlich hat Irene schon sehr lange mit ihrem alten Muster gelebt. Es hat noch drei Sitzungen und eine Weile gedauert, bis Irene sich lachend gequält hat – ich meine natürlich, sich lachend dabei beobachtet hat, wie sie sich mal wieder quält. Irene hatte immer gedacht, sie müsse sich *noch mehr* quälen, damit ihr Leben in Zukunft leicht und locker würde. Jetzt wusste sie, dass sie manchmal einfach nur lachen musste, um etwas zu lachen zu haben.

24. Das ist ganz schön anstrengend!

Im vorangegangenen Kapitel habe ich über Menschen geschrieben, die sich quälen. Nun, die Anstrengung wohnt gleich im Zimmer nebenan! Und so folgen aufs quälende Quälen nun ein paar Gedanken zum anstrengenden Anstrengen.

Dies wird ein sehr persönliches Kapitel. Ich beginne gleich mit einem Outing: Bis 1988 war ich Ausländerin. Ungarin, um genau zu sein. Zwar bin ich in Deutschland geboren und aufgewachsen, aber etwas in mir hat sich über die Deutschen immer gewundert: Warum um alles in der Welt strengen sie sich bei allem, was sie tun, immer so furchtbar an? Diese Dauerbereitschaft zum Dauerschwitzen wurde mir nicht in die Wiege gelegt. Vielleicht kann ich meine ungarisch-italienischen Gene dafür verantwortlich machen (ja, Italiener sind an mir auch noch beteiligt gewesen, aber meine Familiengeschichte ist lang und kompliziert, deshalb hier nur so viel). Oder meine Eltern haben mir das Schwitzen schlicht verboten? Am wahrscheinlichsten ist, dass sie nicht wussten, wie das geht, und es mir folglich auch nicht vorleben konnten.

Das heißt nicht, dass ich nicht ehrgeizig bin. Ich habe gerne Ziele und noch lieber setze ich sie um. Ich mache gern viele Dinge auf einmal, aber dabei unangenehm schwitzen, das ist meine Sache nicht! Ich habe Spaß dabei, sonst würde ich all das nicht tun! Und wenn ich schwitze, dann aus purer Freude. So unterscheidet sich meine Motivation von der vieler anderer, die sich mit hängender Zunge, jammernd, klagend von einer Anstrengung zur nächsten quälen und offenbar nach der Maxime leben: Ich schwitze, also bin ich!

Denn wer etwas auf sich hält in diesem Land, hastet stets mit hängender Zunge von einer Anstrengung zur nächsten und kann sich der allgemeinen Anerkennung dafür sicher sein: Du schwitzt! Du bist!

Oder umgekehrt: Wie bitte, du schwitzt nicht?? Dann hast du dich nicht angestrengt, dann ist deine Arbeit nichts wert!

Und weil so viele Menschen Anerkennung und Identität über ihre Arbeit beziehen, bedeutet das in vielen Fällen: Wer sich nicht anstrengt, ist nichts wert.

Woraufhin man sich noch mal so richtig ins Zeug legt.

18 Uhr in einem Büro. Klaus verabschiedet sich von seinem Kollegen. Daraufhin jener: »Hast du einen halben Tag Urlaub genommen?«

Sicher kennen Sie noch mehr solcher Witze. Diesen habe ich übrigens wirklich erlebt. Ich war Klaus. Und leider ist das auf den zweiten Blick überhaupt nicht witzig.

Wer jeden Tag bis spätabends im Büro bleibt, ist fleißig (»Ohne Fleiß kein Preis«) und für die Firma wertvoll. Bis er wertlos vom Stuhl kippt, weil er sich überanstrengt hat.

Apropos: Weil Anstrengung so salonfähig ist, hat man mittlerweile sogar die Depression umbenannt. Sie heißt jetzt Burn-out. Das klingt – im Gegensatz zur Depression – nach heftigem Schwitzen: Ich habe einmal für etwas gebrannt und mich furchtbar schrecklich angestrengt, so lange, bis meine Kerze aus war.

Verstehen Sie mich nicht falsch – ich mache mich nicht über all die Menschen lustig, die unter Burn-out leiden! Im Gegenteil! Ich möchte mit diesem Kapitel dazu beitragen, dass mehr Menschen sich darüber Gedanken machen, inwieweit Anstrengung schon so sehr Teil der deutschen Kultur ist, dass es völlig normal ist, sich permanent und über alle Maßen von morgens bis spätabends anzustrengen – bis die Flamme kleiner und kleiner brennt, aus dem letzten Loch, und schließlich erlischt.

Kennen Sie die Geschichte von Sisyphos? Das ist, vereinfacht gesagt, die Geschichte über einen alten Griechen, der mit viel Kraft einen großen Stein einen Berg hinaufrollte – um ihn dann wieder herunterrollen zu lassen, um ihn dann – Sie ahnen es – wieder mühevoll auf die Bergspitze zu katapultieren. Ganz schön anstrengend!

Eine moderne Sisyphos-Variante kann man im Radio hören.

Mein Sohn hört frühmorgens Radio, und so blieb es mir nicht erspart, eines Morgens den Moderatoren dabei zuzuhören, wie sie bereits an einem Mittwoch tröstend verkündeten, es seien es ja nur noch zwei Tage bis zum Wochenende. Wie schrecklich muss das (Arbeits-)Leben sein, wenn man bis zum Wochenende vertröstet werden muss!

Manchmal hört mein Sohn auch mittags Radio, und dann werde ich Zeuge, wie sogar die Stunden bis zum Arbeitsende gezählt werden: Nur noch vier Stunden im Büro, drei, zwei, eins – mein ist der Feierabend!

Wahrlich, es muss die Hölle sein, das Leben zwischen dem Montagmorgen und dem Freitagnachmittag, zwischen morgens und nachmittags! Und wenn dann das Ende des Schreckens in Form eines Wochenendes naht, kann man sich prima gegenseitig bejammern: War das wieder eine anstrengende Woche!

Aber, ach, der Feind steht schon wieder vor der Tür, der Montag, denn Sonntagabend ist's und das Ganze geht wieder von vorne los: Stein hochschieben, runterrollen lassen, wieder hochschieben …

Nun gab es bislang in jedem Kapitel ein paar Tipps oder eine Übung zu dem Thema, und so möchte ich Ihnen auch in diesem wenn auch etwas anderen Kapitel eine Übung mit auf den Weg geben:

Haben Sie Spaß an dem, was Sie tun!

Und wenn es Ihnen keinen Spaß macht – ändern Sie es. Doch, das geht öfter, als Sie denken. Vielleicht nicht sofort, haben Sie Geduld und glauben Sie daran, dass es möglich ist. Nehmen Sie sich Zeit für sich, für Ihre Wünsche. Fragen Sie sich, wofür Sie das alles machen.

Bedenken Sie: Auf dem Sterbebett hat noch niemand gesagt, er hätte sich im Leben mehr anstrengen sollen.

25. Ich stolpere von einem Desaster ins nächste!

Ein Desaster ist eine – zunächst gefühlte – Katastrophe. Die Person – nennen wir sie Martina – erlebt, fühlt es so – aber ist es eine? Das hängt davon ab, was genau eine Katastrophe in Martinas Leben bedeutet. Für sie ist vielleicht ein verpasster Bus schon eine oder die Teesorte, die ausgerechnet heute ausverkauft ist, obwohl sie doch extra dafür in die Stadt gefahren ist!

Jetzt könnte man Martina entgegenhalten: »Na ja, also weißt du – eine Katastrophe, das ist ein Tsunami oder ein Atomreaktor-Unfall, aber doch kein verpasster Bus!« Könnte man, und so falsch wäre das nicht, aber dann würde man außer Acht lassen, dass sie es als genauso katastrophal empfindet, obwohl sie ihren Tee wahrscheinlich nicht in einem Krisengebiet kauft. Das ist ihre Art, es zu sehen. Entscheidend ist also:

Was genau bedeutet »Katastrophe« für jemanden?

Sicher ist: Martina geht es nicht gut, sie leidet und sie lässt das den Zuhörer auf jene Weise wissen. Tut sie dies öfter so, könnte man vermuten (nicht wissen!), dass sie sich zu wenig gesehen fühlt. Deshalb übertreibt sie ein wenig ...

Übertreibung fungiert oft als dicker, blinkender Pfeil vor der wörtlichen Rede:

 Schau bitte schnell zu mir, mir geht es sehr schlecht!

In diesem Falle würde es Martina und auch der anderen Person – nennen wir sie Peter – nicht viel nutzen, darüber zu verhandeln, was denn jetzt genau eine Katastrophe ist und was nicht. Dann ginge es schnell darum, wer nun mit seiner Definition recht hat – und damit würde Peter Martinas »Ich fühle mich schlecht« oder »So schau doch mal endlich hin, bitte!!« nicht gerecht werden und sozusagen der nächsten gefühlten Katastrophe den Weg ebnen: Denn der Mensch, der sich dauerhaft nicht gesehen fühlt und deshalb zu Übertreibungen neigt, wird so lange weiter übertreiben, bis er sich gesehen fühlt.

Möchte Peter also, dass es Martina besser geht, und möchte er sie darin unterstützen, realistischer auf ihre Situation zu schauen, sollte er sie

1. ernst nehmen
und
2. empathisch sein.

Peter könnte so etwas sagen wie: »Ich sehe, dass es dir schlecht geht! Es kommt dir so vor, als wären die Ereignisse der letzten Monate eine Katastrophe, und das ist für dich sicher sehr unangenehm!«

Nun ja, vielleicht würde Peter es weniger »coachig« formulieren ...

Wenn Sie Martina oder Peter sind oder jemanden kennen, der ihnen ähnelt, probieren Sie doch einmal: Was könnten die beiden noch sagen? Ich sage bewusst »ausprobieren«, denn oft müssen wir unsere Sprache für Neues erst finden. Uns fehlen dann – im wahrsten Sinne des Wortes – die Worte.

Nutzen Sie – wenn Sie mögen – folgende Satzanfänge:

Hilfreiche Satzanfänge für Menschen, die gefühlte Katastrophen erleben:
Ich sehe, dass du …
Ich glaube …
Ich kann mir vorstellen, wie sehr …

Wenig hilfreich für von gefühlten Katastrophen Gebeutelte ist übrigens auch der Einwand: »Soooo schlimm ist das alles doch gar nicht!« Auch durch diesen Satz, Sie haben es vielleicht erraten, wird die Wirklichkeit des anderen schlicht ignoriert. Für jemanden, der unbedingt gesehen werden möchte, ist das so, als würde man ihn, der gerade schon einmal aufs Knie gefallen ist, noch einmal schubsen, sodass er aufs gleiche Knie fällt, und ihm anschließend sagen, er solle sich nicht so anstellen.

Nach zweimaligem Hinfallen wäre dann tatsächlich eventuell ein Stolpern angesagt. Und damit kommen wir zum fast noch interessanteren Teil des Satzes, der Art der Fortbewegung: *stolpern*. Hier zur Erinnerung noch einmal der ganze Satz: *Ich stolpere von einem Desaster ins nächste!*

Sie werden mit mir übereinstimmen, dass »stolpern« für uns Menschen (und die meisten anderen Lebewesen) keine übliche Art ist, von A nach B zu kommen. Wir gehen, wir laufen, wir rennen, wir schlendern … Aber stolpern tun wir nur, wenn wir über etwas fallen, und das ist dann eine eher kurze Angelegenheit, meist ausgelöst durch ein Hindernis, und gleich wieder vorüber.

Martina aber stolpert »von einem ins nächste«, also offenbar häufiger und regelmäßig. Ich gehe jetzt davon aus, dass Martina nicht wegen einer Verletzung auf Krücken läuft und deshalb längerfristig Stolpergefahr besteht. Auch gehe ich davon aus, dass sie nicht wirklich stolpert. Aber es kommt ihr so vor! Manche Menschen entlastet es, den Unterschied zwischen »Es ist so« und »Es kommt mir so vor« sehr klar zu machen.

Falls Sie sich ein wenig mit Martina identifizieren können, können Sie jetzt etwas versuchen. Sprechen Sie erst den ursprünglichen Satz laut aus:

Ich stolpere von einem Desaster ins nächste!

Danach bitte den folgenden Satz:

Es kommt mir so vor, als würde ich von einer gefühlten Katastrophe in die nächste stolpern.

Inwieweit spüren Sie einen Unterschied zum obigen? Wie geht es Ihnen jetzt? Was fühlen Sie anders? Notieren Sie Ihre Beobachtungen!
Geht der Unterschied in eine positive Richtung, zupfen Sie sich am Ohr und sprechen Sie den Satz noch einmal laut aus. Das könnte Sie bei der nächsten Katastrophe entlasten.

Nun zurück zum Stolpern. Dazu braucht es ein Hindernis. Etwas von außen, was einem vor die Füße gelegt wird – absichtlich oder nicht. Ersteres kennen wir aus Zeichentrickfilmen: die schlaue Maus, die der hungrigen Katze einen Staubwedel in den Weg stellt, sodass die Katze nicht nur nicht zum Essen beziehungsweise an die Maus kommt, sondern auch noch ordentlich »auf die Schnauze« fällt. Stolpern heißt natürlich nicht automatisch fallen, aber es ist doch eine recht instabile Angelegenheit und die Möglichkeit hinzufallen ist größer als beim Gehen. Deshalb muss man sehr darauf achten, wo man hinläuft. Wer auf unsicherem Boden wandelt, schaut auch gern nach unten auf den Boden, um eventuelle Hindernisse schon früh zu erspähen. Wer viel nach unten guckt, kann weniger woanders hingucken.

Hören wir Martina also sehr genau zu, lässt sie uns zwischen den Zeilen mit nur einem Wort (»stolpern«) womöglich folgende Informationen zukommen:

> **»Ich stolpere von einem Desaster ins nächste!«**
>
> Etwas von außen lässt mich stolpern, hindert mich am Gehen.
>
> In meinem Leben gibt es Hindernisse, auf die ich keinen Einfluss habe.
>
> Ich fühle mich in meiner Situation als Opfer.
>
> Ich kann gerade nichts dagegen tun – es kommt von außen.
>
> Ich habe keine Wahl.

> Ich fühle mich häufig und regelmäßig instabil.
> Ich könnte leicht hinfallen.
> Ich kann nicht »normal« durchs Leben gehen.
> Ich schaue meistens nach unten auf die potenziell nahende Katastrophe.
> Mein Blickfeld ist deshalb eingeschränkt.

Natürlich entspringt auch das nur *meiner* Wirklichkeit: Ich – mit *meiner* individuellen Sicht auf die Welt – übersetze, was Martina gemeint haben könnte. *Könnte* – denn es wäre ein Fehler anzunehmen, es *sei* so. Ich könnte aber Martina im Coaching fragen, ob eine meiner Übersetzungen in ihr Resonanz auslöst und wenn ja, welche. Wenn dem so wäre, könnten wir beide an dem Satz oder den Sätzen weiterarbeiten und so nach und nach ihr Verhalten ändern – ihr zum Beispiel den aufrechten Gang beibringen.

26. Das fällt mir schwer

Dort anzurufen, fällt mir schwer!
Ihm das zu sagen, fällt mir schwer.
Die Bewerbung zu schreiben, fällt mir schwer.

Unsere kulturell bedingte Nähe zur Schwere (siehe auch Kapitel »Das ist ganz schön anstrengend!«, Seite 163) führt nicht unbedingt dazu, dass wir die Dinge leicht nehmen. Anders gesagt: Es fällt vielen leichter, es sich schwer zu machen. Der Grund: Es ist bei uns positiver besetzt, es sich schwer zu machen, als es sich leicht zu machen. Wenn es schwer geht, ist es anerkennenswert und wertvoll! Schon allein deshalb findet die Schwere häufig den Weg in meine Praxis.

Das heißt natürlich nicht, dass es demjenigen nicht schwer vorkommt! Und auch bedeutet es nicht, dass etwas nicht auch schwer sein kann. Keinesfalls möchte ich hier die Schwingen der Leichtigkeit über allem ausbreiten und Sie zu bedingungslos positiv-leichtem Denken verführen! Es gibt nun einmal viele Dinge im Leben, an denen wir schwer tragen. Vielmehr möchte ich Ihnen hier eine Sichtweise anbieten, die es Ihnen vielleicht leichter macht, mit so manchem Schweren umzugehen.

Martin (28) kam zum Coaching to go, weil es ihm *schwerfiel*, seine Bewerbungen zu schreiben. Unsere Konversation sah in etwa so aus:

»Es fällt Ihnen also schwer, Ihre Bewerbungen zu schreiben.«
»Ja.«
»Es wäre schön, wenn es Ihnen leichter fallen würde.«
»Ja, das wäre super!«
»Meinen Sie, es müsste Ihnen leichter fallen?«
»Ja, klar. Ist ja auch eigentlich nicht so schwer. Andere kriegen das doch auch hin.«

Hier stellte Martin einen merkwürdigen Zusammenhang her: Wenn andere es hinkriegen, kann es nicht schwer sein. Ich wies ihn darauf hin:
»Sie glauben, wenn's anderen leichtfällt, müsste es Ihnen auch leichtfallen. Interessant!«
»Stimmt, das ist irgendwie Quatsch.«

26. Das fällt mir schwer

»Interessanter Quatsch!«, sagte ich, »ein Quatsch, der uns auf eine Fährte führt!«

> Wenn wir sagen, dass uns etwas schwerfällt, denken wir oft, es müsste uns leicht(er) fallen, und setzen uns schon allein damit unter Druck.

Martin ging also davon aus, dass es ihm leichtfallen *müsste*, was es noch schwerer machte. Seine Idee, es würde anderen leichter fallen (reine Spekulation), etablierte er als Maßstab: Wenn die, dann ich auch!

Ad absurdum geführt, würde dies Folgendes heißen: Wenn es einem anderen leichtfällt, Autos zu reparieren, dann müsste es mir auch leichtfallen!

Nun wird jeder, der mich schon einmal mit einem Werkzeug in der Hand gesehen hat, zu Recht vermuten, dass es mir nicht leichtfällt, ein Auto zu reparieren, nur weil es Herrn B. einfach von der Hand geht. Das leuchtete Martin ein, und auf meine Frage, welche Auswirkung dies auf sein »Problem« habe, antwortete er, dass er nun doch schon ein wenig erleichterter sei.

»Prima!«, sagte ich, »und jetzt brauchen wir ein Messer!«

Martin war in etwa so irritiert wie Sie jetzt vielleicht. Und von dem nächsten Satz nicht minder: »Ich möchte gern eine kleine Operation vornehmen: Wir trennen jetzt mal Ihre Intuition von Ihrer Kognition – Ihr (Bauch-)Gefühl von Ihren Gedanken.«

 Die Stimmen unserer Gedanken unterscheiden sich meist wesentlich von den Stimmen unserer Gefühle!

Da wir in einem Café waren, konnte ich schnell ein Messer besorgen und legte es vor Martin auf den Tisch. Warum das? Damit wollte ich das Bild »Messer« mit dem folgenden Gespräch verknüpfen. Wann immer Martin in Zukunft etwas schwerfallen sollte, würde er an das Messer denken.

Wir notierten zunächst Martins Gedankenstimmen

Das *denke* ich über mich und Bewerbungen:
- Ich muss mich bewerben, damit ich einen neuen Job bekomme.
- Ich müsste jetzt endlich mal an die Bewerbungen gehen.
- Ich muss eine tolle Bewerbung schreiben.
- Andere können das besser.

Seine inneren Gedankenstimmen sagten ihm also unaufhörlich Folgendes:

Du musst jetzt endlich mal an die Bewerbungen gehen! Du musst eine *tolle* Bewerbung schreiben! Andere können viel besser schreiben als du!

Was Martins Gefühlsstimmen sagten

Intuition:
- Das *fühle* ich (spontan) über mich und Bewerbungen:
- Ich habe Angst, dass mich keiner nimmt.
- Ich kann nicht schreiben.
- Ich habe Angst, dass es nicht so gut wird, wie ich will.

Seine »inneren Gefühl-Gedanken« sagten: Angst!

Angst zu versagen, Angst davor, (nicht gut genug) zu schreiben, den eigenen hohen Ansprüchen nicht zu genügen.

> Unsere Intuition ist sehr viel schneller als unser Denken! Sie stellt unsere gesammelte emotionale Erfahrung dar und ist in Bruchteilen von Sekunden abrufbar. Das bedeutet: Wann immer wir denken, dass wir etwas denken, war da meistens zuvor ein Gefühl, welches wir anschließend blitzschnell in ebenjenen Gedanken gepackt haben.

In Martins Fall könnte es demnach so sein (*könnte* – denn es sind alles immer nur Hypothesen auf Basis meiner Wirklichkeitssicht! Siehe unbedingt auch Kapitel »Das kann Coaching to go«, Seite 17): Die Gedanken folgen dem ursprünglichen Gefühl (Angst) und spulen innerlich Befehle ab, um es zu kontrollieren: »Du musst ...!« Dies verstärkt den Druck, denn zu der Versagensangst kommt jetzt auch noch der Frust über die fehlende Selbstdisziplin, die wiederum der Angst vor dem Versagen geschuldet ist und so weiter – ein Dilemma!

Die Angst selbst hat Martin spontan und ohne viel Aufwand produziert, wenn er an die Bewerbungen denkt. Die Angst ist also »leicht«. Die Schwere, die Martin empfindet, kommt wahrscheinlich von dem Versuch, die Angst zu unterdrücken.

»Die Operation ist beendet«, sagte ich, »wie geht es Ihnen jetzt?«

»Nicht gut«, sagte Martin.

»Klar, nach einer OP«, sagte ich, »was bräuchten Sie denn, damit es Ihnen besser geht?«

»Ich möchte keine Angst mehr haben«, sagte Martin.

Ein kleiner Schritt hier auf dem Papier, ein großer für Martin!

Denn Martins bisherige Lösungsversuche hatten sich damit abgemüht (schwer!), die Angst erst gar nicht spürbar werden zu lassen. Durch die kleine OP hatte er anerkannt, dass er Angst hat!

Verständlich, dass er sie loswerden wollte. Nur: Das geht leider nicht. Vielleicht haben Sie einmal versucht, Ihre Angst loszuwerden? »Los Angst, geh'! Such' dir jemand anderen!« Oder: »Ich hab' überhaupt (!!!) keine Angst, ich bin sehr mutig!« – so etwas in der Art? Dann wissen Sie, dass es nicht funktioniert! Die Angst bleibt, sie ist ein Teil von uns – das ist die vermeintlich schlechte Nachricht, denn es gibt auch viele gute. Eine davon: Angst liefert uns wichtige Informationen!

Martins Angst hatte nämlich sehr präzise ausgedrückt, was er glaubte, was ihm fehlte:

1. Die Sicherheit, dass auf die Bewerbung auch eine Anstellung folgt.
2. Die Fähigkeit zum »Gut-schreiben-Können«.
3. Die Sicherheit, dass er seinen *eigenen* hohen Ansprüchen genügt.

Mit diesem Wissen konnte sich Martin in den verbleibenden Minuten von seiner Schwere entlasten – wenn auch anders, als er zu Beginn vielleicht gedacht hatte –, indem er folgende Sätze aufschrieb:

Eine totale Sicherheit gibt es nicht. Eine Bewerbung ist immer ein Versuch.
  Ich kann eine noch so tolle Bewerbung schreiben, das ist keine <u>Garantie</u> auf den Job.

Ich kann schreiben, das habe ich schon oft unter Beweis gestellt. Ich habe ein gutes Gespür für Sprache und Lust an Sprache.

Ich werde mein Bestes geben, ob es reicht, liegt nicht <u>nur</u> in meiner Hand.

Martin befreite sich also im Wesentlichen von seiner »Allmacht«, von seinem Glauben, es liege einzig und allein in seiner Macht, ob er aufgrund seiner Bewerbungen einen Job bekommt. Und er holte sich seine Sicherheit in Bezug aufs Schreiben zurück, indem er seine bisherigen Erfahrungen »anzapfte«. Und das alles, weil er aufhörte, gegen seine Angst anzukämpfen, und sie anerkannt hatte, weil dieses Messer auf dem Tisch lag. Das Messer betrachtete Martin jetzt sehr aufmerksam. Unsere Zeit war abgelaufen.

»Wie geht es Ihnen jetzt?«, fragte ich.

»Gut!«, sagte Martin. »Die Operation ist gut verlaufen, der Patient entlässt sich gerade selbst aus dem Krankenhaus, weil er es kaum noch erwarten kann, seine Bewerbungen zu schreiben.«

»Lust an Sprache«, das hatte Martin vorher gesagt – und da war sie, die Lust! Vielleicht würde er das Messer gar nicht mehr brauchen. Ich wünschte es ihm.

27. Ich kann mich nicht verkaufen!

Wer sich bewerben möchte, kommt nicht darum herum, etwas über sich zu erzählen. An dieser Stelle taucht dann in meiner Praxis häufig obiger Satz auf: »Aber ich kann mich nicht verkaufen!«

Das ist völlig richtig. Würde man sich an jemanden verkaufen, wäre man ja nicht mehr da. Nun kann man nicht mal eben wie Mehl und Zucker nachbestellt werden! Daher empfiehlt es sich, sich nicht zu verkaufen. Oder?

Um eine Antwort auf diese Frage zu finden, machen wir jetzt einen kleinen Exkurs in ein Autohaus. Gläserne Fronten von außen, glänzende Autos im Innenraum. Haben Sie das Bild? Nun stellen Sie sich bitte einen Autoverkäufer vor. Wie sieht er aus? Was tut er? Was sagt er? Lassen Sie Ihrer Fantasie freien Lauf! Vielleicht spüren Sie jetzt eine Ambivalenz: Irgendwie finden Sie den sympathischen Mann auch unsympathisch, denn er möchte Ihnen etwas verkaufen. Das ist sein Job. Er muss das tun, damit verdient er sein Geld. Sein Job ist getan, wenn Sie das Auto gekauft haben. Dann bekommt er vielleicht sogar eine Provision, was ihn zusätzlich motiviert. Es könnte gut sein, denken Sie vielleicht, dass er etwas schöner redet, als es ist, damit Sie es kaufen. Vielleicht hat sein Chef ihm am Morgen gesagt: »Verkauf mal den da, der steht da schon so lange.« Sie sind vielleicht hin- und hergerissen: Einerseits vertrauen Sie dem Fachwissen des Verkäufers, andererseits gibt es da auch ein gewisses Misstrauen: Das sagt er doch nur, weil ich kaufen soll! Der will mich doch nur über den Tisch ziehen!

Nun möchte ich der Verkäuferzunft damit keinesfalls unterstellen, dass sie um jeden Preis verkauft, um zu verkaufen. Im Gegenteil! Ich schreibe all das, um Ihnen ein Bild davon zu geben, wie negativ oder zumindest ambivalent »verkaufen« in unserer Gesellschaft besetzt ist.

Verlassen wir das Autohaus und kehren in meine Praxis zurück. Da sitzt Ursula und hat gerade mit einer Mischung aus Wut, Scham und Verzweiflung gesagt: »Ich kann mich nicht verkaufen!«

Dieses negative Bild vom Verkaufen schwingt unbewusst oft mit, wenn jemand von »sich verkaufen« spricht. Ob dies so ist, lässt sich am einfachsten überprüfen, indem man Ursula fragt oder Sie sich selbst fragen:

Was kommt Ihnen in den Sinn, wenn Sie »verkaufen« hören?
Welche anderen Worte, Ausdrucksweisen kennen Sie für »verkaufen«?
Wie viele positive und negative Umschreibungen haben Sie gefunden? Was überwiegt: das positive Bild oder das negative?

Bei Ursula überwog das Negative.

Nun möchte Ursula verständlicherweise keinesfalls etwas tun, was sie im Grunde ihres Herzens ablehnt oder wozu sie ambivalente Gefühle und Gedanken hegt. Mit anderen Worten: Sie möchte sich gar nicht verkaufen können!

Zwei Seelen sind somit, ach, in Ursulas Brust:

1. Ich muss mich verkaufen, damit ich den Job bekomme.
2. Ich will mich nicht verkaufen!!!!!!!!!!!!!!!

Ursulas Brust löst das elegant mit: *Ich kann nicht!*

Natürlich nicht bewusst. Ursulas Psyche hat sich damit quasi einen Notausgang aus der Ambivalenz geschaffen: Wenn sie es nicht kann, muss sie es nicht tun. Aber sie meint, es können zu müssen, denn da gibt es diese Bewerbung …

Für Ursula war es hilfreich, »verkaufen« eine neutrale Bedeutung zu geben:

verkaufen = anbieten, informieren, beraten

So kamen wir darauf, dass verkaufen im Grunde nichts Schlechtes ist:

> Ich biete Ihnen etwas, was Sie (vielleicht) brauchen.
> Ich biete Ihnen Wissen, das Ihre Firma gut gebrauchen kann.
> Ich biete Ihnen etwas, was Ihre Firma bereichert.
> Bei mir bekommen Sie etwas, was Sie woanders (vielleicht) nicht bekommen.
> Ich möchte Sie von etwas überzeugen, wovon ich überzeugt bin.
> Mit meiner Bewerbung berate ich Sie, ich informiere Sie über mich, damit Sie sich ein Bild von mir machen können.

Ursula war nun deutlich bereiter, sich zu »verkaufen«. Es gab allerdings noch einen Stolperstein: die Angst vor der Ablehnung.

Diese Angst ist verständlich – schließlich zeigen wir uns dem anderen – wer weiß, ob ihm gefällt, was er da sieht?

Natürlich möchten wir unbedingt, dass der andere uns gut findet – wir möchten den Job schließlich haben! Ich erlebe immer wieder, dass Klienten aus Angst vor Ablehnung ihre Lebensläufe »kreativ umschreiben«, ihre Informationen sozusagen ein ganz kleines bisschen manipulieren, um sich anzupassen: an die Firma, an die Anforderungen.

27. Ich kann mich nicht verkaufen! 187

Da fällt mir dann immer ein Text von Kurt Tucholsky ein:

Im Département du Gard (...) da saß in einem Postbüro ein älteres Fräulein als Beamtin, die hatte eine böse Angewohnheit: sie machte ein bisschen die Briefe auf und las sie. *

Ganz offenbar hat die Postbeamtin die Briefe nicht nur »ein bisschen« geöffnet, denn sonst hätte sie sie wohl kaum lesen können. Worauf ich hinauswill: Kann man »ein bisschen« manipulieren? Das hängt ganz davon ab, nach welchen ethischen Grundsätzen wir leben!

Und da sind wir auch wieder beim Verkäufer: Wie er verkauft, hängt davon ab, welche Werte er vertritt und auch lebt. Es gibt keinen »schlechten« Verkäufer – es gibt solche, die ehrlich und fair sind – und es gibt die, die einen um jeden Preis über den Tisch ziehen und mit unguten Mitteln zu manipulieren versuchen.

Weil man sich ungern vorwirft, man habe manipuliert, bagatellisiert man lieber und spricht von »kreativ umschreiben« oder »ein bisschen an die Firma angepasst«.

Viele Bewerbungsschreiber tun das und fühlen sich damit unwohl. Dann fragen sie mich:

»Ist das in Ordnung, Bewerbungen ›ein bisschen zu beschönigen‹?« – Darauf gibt es keine allgemeingültige Antwort, nur eine andere Frage: Ist das *für Sie* in Ordnung?

---

* Kurt Tucholsky: So siehst du aus!, Bertelsmann Gütersloh (Lizenzausgabe) o. Jahresangabe, S. 275

Und so antworte ich dann auch: »Wenn es *für Sie* in Ordnung ist, dann ist es in Ordnung!«
Meine Werte stehen hier nicht zur Debatte.

Aus Angst vor Ablehnung kommen viele in Versuchung, in für sie selbst unguter Weise manipulativ zu werden.

Für Ursula war es nicht in Ordnung. Sie fühlte sich unwohl damit, etwas zu schreiben, was so nicht den Tatsachen entsprach. Gleichzeitig hatte sie die Befürchtung, dass sie den Job nicht bekäme, wenn sie bei der Wahrheit bliebe. Die Wahrheit war unter anderem eine »unschöne Lücke« im Lebenslauf: Sie war etwas über ein Jahr arbeitslos gewesen. In unserer Gesellschaft heißt »Ich war arbeitslos« leider so etwas wie »Ich hatte die Pest«, und daher rate ich davon ab, dies einfach so stehen zu lassen.

Was war in der Lücke passiert? Ursula war vier Monate in Thailand gewesen, sie hatte dort in der Gastronomie gejobbt, gelernt, Silberschmuck herzustellen, und ihr Englisch verbessert. Wieder zu Hause, verkaufte sie ihren Schmuck auf kleinen Märkten. Na, da steckt doch einiges drin, was man zur Linderung der Pest schreiben könnte!

Glauben Sie mir: Die meisten Menschen tun während ihrer Arbeitslosigkeit etwas! Sie wissen es nur vielleicht nicht zu schätzen oder können es nicht in Worte fassen. Hier hilft der Coach!

Bei anderen Klienten ist es nicht nur eine »Lücke«, sondern eine tief sitzende Angst davor, generell nicht gut genug zu sein.

Die Angst davor oder vor Ablehnung und Zurückweisung ist generell ein weites Feld, das ich hier bewusst nur sehr partiell beackert habe. Falls Sie sich dadurch angesprochen fühlen, empfehle ich dringend, dass Sie mit einem Coach oder einem Therapeuten über darüber sprechen. Denn jene Ängste lassen sich bestimmt nicht mit einem lapidaren: Du brauchst keine Angst zu haben!« oder »Eigentlich weißt du doch, dass du gut bist« beschwichtigen.

Vielleicht fragen Sie sich jetzt, ob *ich* es in Ordnung finde, Bewerbungen zu manipulieren. Nein, ich finde es nicht in Ordnung! Und nicht nur, dass es nicht in mein Wertesystem passt, »ungut« zu manipulieren ist meiner Meinung nach sogar kontraproduktiv! Es führt nämlich erstens dazu, dass der Bewerber sich unwohl fühlt, in Konflikt mit seinen Werten gerät – und dieses Unwohlsein kann man zwischen den Zeilen eines Anschreibens lesen! (Ich erinnere mich aus meiner Zeit in der Werbung an einige Bewerbungen, die irgendwie »falsch rochen ...«). Und zweitens versteckt sich meist unter vermeintlich Negativem etwas Gutes, das hinaus möchte und Mehrwert schafft. Anders gesagt: Ich finde die Wahrheit attraktiver. Es findet sich immer etwas, was wahr und gut ist. Ich freue mich, wenn ich Sie durch dieses Kapitel zur Suche animieren konnte!

28. Es ist die Hölle!

Barbara (37) kam zum Coaching to go, weil ihre Ehe, wie sie sagte, »die Hölle« war. Nun ist es in 30 Minuten kaum möglich, eine Hölle in ein Paradies zu verwandeln, das war auch Barbara klar. Möglich aber war es, Barbara daran zu erinnern, wie das Paradies einmal gewesen war, damals, als alles anfing ...

In der Regel beginnt nämlich jede Beziehung paradiesisch: rosa Wolken, Schweben auf Wolke Nummer sieben, Schmetterlinge im Bauch ... es kaum erwarten können, den anderen in seine Arme zu schließen, die Sekunden bis zum Wiedersehen zählen ...

28. Es ist die Hölle!

Aber keine Beziehung ist ein immerwährendes Paradies! Wir akzeptieren besser gleich, dass es auch mal schlechte, sehr schlechte Tage geben kann. Wir sollten unsere Beziehungen nicht mit Idealvorstellungen überladen und die Realität durch die Vordertür hereinlassen (durch die Hintertür kommt sie meistens erst, wenn die Liebe schon weg und es zu spät ist). Spätestens nach der ersten rosafarbenen Phase sollte die Realität eine feste Ecke in der gemeinsamen Wohnung oder im Luftschloss bekommen.

Realität ist: Zwei unterschiedliche Menschen haben – oh Wunder! – nicht immer die gleiche Meinung. Sie haben höchst unterschiedliche Sichtweisen über sich selbst, die anderen und das Leben. Realität ist, sich immer wieder von Neuem auf die Dinge zu verständigen, die das gemeinsame Leben ausmachen: Das kann etwas Banales sein wie der viel zitierte Müll, den der eine grundsätzlich nicht runterbringt – wobei dahinter meist weniger Banales liegt, weshalb es unbedingt notwendig ist, auch darüber zu sprechen! Das kann sein, wie viel der eine arbeitet, wie oft er deshalb nicht zum Abendessen kommt. Und natürlich große Themen wie Kindererziehung oder berufliche Neuorientierung.

In einer Beziehung zu sein heißt, immer wieder neu zu verhandeln, was jetzt sein soll, was ansteht, was man mit seinem – und damit auch dem Leben des anderen – anfangen möchte.

Die Basis dafür ist die Liebe. Mit Liebe lässt sich prima verhandeln. Ohne Liebe geht nichts – und deshalb muss man sie sorgsam hüten!

Ich empfehle daher dringend, VORHER das Verhandeln zu üben! Mit »vorher« meine ich, bevor die Liebe sich vor lauter Alltagskämpfen zu verflüchtigen beginnt, wie das so ihre Art ist, wenn sich keiner für sie interessiert.

Ich habe dazu Seminare entwickelt, zwei davon möchte ich Ihnen gern kurz vorstellen: In der »Schatzsuche« lernen Sie sich und Ihren Partner auf eine ganz andere Weise kennen – und schätzen! Sie lernen, über sich zu sprechen (unerlässlich für Verhandlungen jeglicher Art!), und wissen am Ende, welche Wege Sie in Zukunft gut gehen können und welche Sie besser links liegen lassen. Die »Schatzsuche« ist dennoch kein ausdrückliches Paar-Seminar – alle können mitmachen! Die Ergebnisse aus diesem Seminar können Sie übrigens auch prima für Bewerbungen verwenden (siehe Kapitel »Ich kann mich nicht verkaufen«, Seite 183)!

Der »Elternabend« hingegen richtet sich gezielt an Paare, die ein Kind erwarten (Sie erinnern sich: VORHER sprechen!) oder bereits Kinder bis zwölf Jahre haben. An sechs Abenden haben beide Gelegenheit, von mir begleitet, über die verschiedenen Aspekte des Elternseins ins Gespräch zu kommen.

Aber nun zurück zu Barbara in der Hölle:

Ich fragte Barbara also, wann ihre Ehe ein Paradies gewesen war. Ich half ihr, sich daran zu erinnern, wie es am Anfang war, vor sechs Jahren. Dabei fiel der Schlüsselsatz, dass sie sich beide zu Beginn »auch ohne Worte« verstanden, und wie schön sie das fand.

»Inwieweit«, fragte ich Barbara, »hat dieses Paradies möglicherweise etwas mit der aktuellen Hölle zu tun?« So erfuhr ich, dass Barbaras Mann kein großer Freund der gesprochenen Sprache ist. Er drückt sich anders aus, eher über den Körper. »Wenn ihm etwas gefällt, grunzt er«, sagte Barbara nun schon etwas fröhlicher. Dies gefiel ihr am Anfang sehr gut, denn als Vielrednerin genoss sie es, auf diese Weise mit ihm zu entspannen. Nun kommt keine Beziehung auf Dauer ohne Worte aus, und so zeigten sich bald die ersten Wolken, wenn es um Konflikte ging. Barbara redete sich immer mehr um Kopf und Kragen – und ihr Mann grunzte irgendwann nicht mehr.

Das war der Zusammenhang zwischen Paradies und Hölle!

Ich fragte Barbara, ob sie mit ihm zusammenbleiben wolle. Dieses *Commitment* (verzeihen Sie den Anglizismus – leider habe ich noch keine schöne Übersetzung für dieses Wort gefunden) ist äußerst wichtig! Es ersetzt sozusagen die wackelige Liebe durch ein klares »Ja« zum Paarsein und impliziert den Wunsch, die Liebe möge wieder ins gemeinsame Leben einziehen. Sie bejahte, mit Tränen in den Augen. Da war sie, die Liebe! Sie war noch da, wie schön!

Wie gesagt, das Paradies war in 30 Minuten nicht zu schaffen, aber Barbara hat durch das Kurzcoaching gemerkt, wie sehr sie sich ihr gemeinsames Paradies zurückwünscht. Sie hat das Problem zwischen sich und ihrem Mann ernst genommen – man könnte auch sagen, sie hat Verantwortung dafür übernommen. Danach war sie bereit, mit ihrem Mann eine Paartherapie zu machen.

Ha! Werden jetzt einige von Ihnen vielleicht sagen: »Mein Mann würde so etwas nie machen!« So dachte auch Barbara, und deshalb übten wir noch kurz, wie sie mit ihm sprechen könnte.

Dringend abzuraten ist hier von »Wir«-Sätzen à la »Schatz, wir müssen eine Paartherapie machen!« oder »Lass uns eine Paartherapie machen!«.

Bleiben Sie beim »Ich«:

»Ich möchte, wünsche mir, würde mich freuen …« und schauen Sie Ihrem Mann offen und klar in die Augen, damit er in ihre hineinsehen und darin lesen kann – vielleicht sieht er Ihre Liebe, Ihr Vertrauen, Ihren Wunsch, Ihre Hoffnung. Und vielleicht versteht er das besser als Worte.

Als Barbara ihrem Mann zu Hause in die Augen sah und ihm ernst und liebevoll sagte, dass sie sich von ihm wünsche, er möge sich für eine Paartherapie öffnen, weil sie wieder schöne Momente mit ihm erleben wolle – da grunzte er und sagte (!): »Man kann es ja mal versuchen.« Dies schrieb mir Barbara in einer Mail nach ein paar Wochen. Der Versuch ist übrigens geglückt!

Die Paradies-Hölle-Gegenüberstellung funktioniert nicht nur bei Beziehungen, sondern bei jeglicher Art von Hölle:

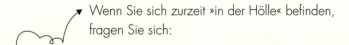 Wenn Sie sich zurzeit »in der Hölle« befinden, fragen Sie sich:

- *Ist diese Hölle vielleicht auch einmal ein Paradies gewesen?*
- *Wann war das genau?*
- *Wie hat es angefangen? Was waren die ersten Höllen-Anzeichen?*
- *Inwieweit haben Paradies und Hölle etwas miteinander zu tun?*
- *Was für Schlüsse ziehen Sie daraus?*

Ich beende dieses Kapitel mit einem weisen Römer namens Ovid. Als Schülerin hatte ich, aufgrund meiner miserablen Lateinkenntnisse, ein schlechtes Verhältnis zu ihm. Mittlerweile aber trage ich einen seiner Sätze immer im Herzen: »Wehre den Anfängen!«

Er stammt aus seiner Schrift *Remedia amoris*, zu deutsch »Heilmittel gegen die Liebe«, und er geht auch gut weiter:

»Wehre den Anfängen! Zu spät wird die Medizin bereitet, wenn die Übel durch langes Zögern erstarkt sind.«

Vereinfacht gesagt: Kümmern Sie sich VORHER um Ihre Beziehung!

Als Heilmittel *für* die Liebe. Auch wenn Ovid es genau andersherum meinte. Vielleicht war *seine* Beziehung ja die Hölle.

29. Ich beklage mich ja nicht, aber ...

Doch, genau das tun sie, die Menschen, die so beginnen: Sie beklagen sich. Aber nicht offiziell – sie holen sich die Berechtigung dazu mit diesem Satz!

So wie Kerstin. Kerstin kam zu mir, weil sie »ein Problem mit ihrem Mann hat«.

»Ich beklag' mich ja nicht, aber ...« – und dann ging es los: Kerstin war ziemlich geladen:

»Ich beklag' mich ja nicht, aber er kümmert sich um nichts, der Haushalt ist ihm total egal. Wenn es aussieht wie Sau, sich die Wäsche türmt – egal. Ich kümmere mich um den Haushalt, die Kinder und gehe noch arbeiten. Ich tue, mache und organisiere, und der Herr sitzt auf dem Sofa und sagt, ich solle mich mal entspannen. Haha! Und wehe, seine Lieblingsmarmelade ist mal nicht da, dann ...«

29. Ich beklage mich ja nicht, aber ... 197

Manchmal ist es gut, wenn eine Sitzung nur eine halbe Stunde dauert, dachte ich, und unterbrach Kerstin in Anbetracht der Zeit: »Sie beklagen sich gerade.«

»Was?!«, fragte sie, ehrlich erstaunt, denn sie schwamm bereits atemlos im Fluss ihrer Klagen und war dabei offenbar wenig mit der Außenwelt in Kontakt. Ich hatte sie aus ihrem Fluss gerissen!

Was nach außen aussieht wie ein Gespräch, ist tatsächlich oft ein Klage-Monolog, bei dem der eine den anderen nicht wirklich erreicht. Dementsprechend bekommt der Klagende oft auch keine oder keine echte Empathie vom anderen – denn dieser fühlt sich schlicht nicht angesprochen.

Dementsprechend irritiert war Kerstin jetzt. Offensichtlich war sie es nicht gewohnt, dass sie jemand beim vermeintlichen Nicht-Klagen unterbricht. Ihr Mann hatte es wahrscheinlich noch nicht versucht oder es schon lange aufgegeben. Ist ja auch nicht leicht, jemanden zu unterbrechen, der gerade klagt, dem es also nicht gut geht – das kennen Sie vielleicht. Da hat man es als Coach schon einfacher ...

»Sie beklagen sich gerade«, wiederholte ich, »und es hört sich so an, als hätten Sie durchaus Gründe dafür.«

Kerstins Gesichtsausdruck veränderte sich schlagartig: Wenn man glaubt, nicht zu klagen, kann man sich nicht so gut vorstellen, dass man Grund zur Klage hat.

Ich sagte ihr, sie könne die 30 Minuten natürlich gern dafür nutzen, sich zu beklagen – manchmal hilft es ja, sich etwas einfach nur von der Seele zu reden. Kommt dies allerdings öfter vor und wiederholen sich die Klagen stereotyp, also in der immer wieder gleichen Art und Weise, schaffen sie keinen Mehrwert, sondern sind destruktiv – sie bringen nichts, weder dem, der klagt, noch dem, der beklagt wird.

»Ja, Sie haben recht, es ist immer dasselbe«, sagte sie, jetzt ziemlich kraftlos und traurig.

Ich ließ diese Stimmung einen Moment im Raum – Kerstin war jetzt in Kontakt mit sich, spürte ihre Trauer und Verzweiflung.

Es macht einen Unterschied, ob man seine Klagen als Klagen wahrnimmt! Solange man sich einredet, man würde sich nicht beklagen, bagatellisiert man die Bedürfnisse, die dahinterliegen.

»Dürften Sie sich denn beklagen?«, fragte ich sanft.

»Nee, das geht gar nicht«, sagte Kerstin und erzählte dann von ihrer Mutter, die immer alles hingenommen hat, »ohne zu klagen« – aber permanent am Jammern war. Ihre Großmutter fiel ihr ein: »Beklag' dich nicht, Kind, so ist es eben«, hörte sie von ihr oft, wenn die kleine Kerstin ihrem Unmut Worte zu verleihen suchte.

Kinder haben oft noch nicht den Wortschatz, um ihre Gefühle angemessen zu artikulieren, das sieht dann für Erwachsene schnell so aus, als wolle sich das Kind beschweren. Ob die Gründe dafür vielleicht sogar gerechtfertigt sind, spielt dann keine Rolle. So lernte Kerstin, dass es nicht in Ordnung ist, sich zu beklagen, und dass man mit seinen unguten Gefühlen besser nicht in Kontakt kommt – und auch andere nicht damit belastet. Sie lernte eine Strategie, mit der sie sich trotzdem Luft machen konnte: Wenn ich sage, dass ich mich nicht beklage, beklage ich mich nicht, und dann kann ich ja loslegen ... sozusagen inoffiziell. Diese Strategie hatte die Großmutter ihrer Tochter »beigebracht«, und diese wiederum ihrer Tochter: Kerstin. Und obgleich Kerstin mittlerweile 38 war, setzte sie diese kindliche Strategie immer ein, wenn es ihr nicht gut ging – unbewusst, natürlich.

> Wenn Sie sich häufiger dabei ertappen, dass Sie sich auf die immer gleiche Weise beklagen, fragen Sie sich: Darf ich mich beklagen? Ist es für mich in Ordnung, wenn ich Klagen habe?

Jetzt aber war ihr das bewusst geworden und die Kerstin, die zu Beginn mit gefühlten 180 Stundenkilometern kommuniziert hatte, hatte sich in eine ziemlich nachdenkliche Frau verwandelt, die kein Wort mehr sagte. Sozusagen das krasse Gegenteil vom Anfang. Wir hatten nur noch knapp zehn Minuten Zeit, ein ziemlich großes Thema auf dem Tisch – ihre Familiengeschichte mütterlicherseits – und immer noch kein Ziel vereinbart. Dazu würde es wohl nicht mehr kommen, und vielleicht hatte Kerstin ja schon ein wichtiges Ziel erreicht, indem sie vor sich selbst zugab, dass sie klagte und Grund zur Klage hatte.

»Mal angenommen, sie würden sich jetzt, nur für diesem Moment, erlauben, sich zu beklagen – ginge das?«, fragte ich in die Stille.

»Ich könnte es versuchen«, sagte Kerstin leise, »ich möchte das gern, mir das erlauben, aber ich glaube, ich kann's nicht.«

»Nicht oder noch nicht?«, fragte ich.

Kerstin sah mich jetzt wieder an: »Noch nicht«, sagte sie und lächelte.

»Gut, dass Sie das spüren können«, sagte ich, und dabei beließen wir es und beendeten die Sitzung in der 23. Minute.

Ich hätte noch viel fragen und sagen können, zum Beispiel was denn dann anders wäre, wenn sie sich ihre Klagen erlauben würde, und welche der Gründe sie dann tatsächlich beklagens- und verändernswert fände. Aber das Entscheidende war, dass Kerstin bewusst geworden war, dass ihr Lamentieren ein »altes« Verhalten war, welches ihre eigentlichen Gefühle überdeckte. Und, vielleicht noch entscheidender: Sie hatte einen Moment lang die darunterliegenden, eigentlichen Gefühle gespürt. Sie war auf einem guten Weg, auch ohne Ziel.

Manchmal reichen 30 Minuten eben nicht oder nur, um etwas nach oben ins Bewusstsein zu holen, was lange tief unten im Unbewussten war. Natürlich ist dabei Vorsicht geboten, denn sehr belastende Themen können dabei zum Vorschein kommen, und dann sollte der Coach sich versichern, dass der Klient auch wirklich in der Lage ist, damit umzugehen. Dies tat ich natürlich in den verbleibenden sieben Minuten, und befand, dass sie es war (sie selbst auch).

Kerstin kam danach noch für drei weitere, längere Sitzungen zu mir und nahm sich bei mir Zeit und Raum für all die Themen, die sie belasteten. Nach und nach gelang es ihr immer besser, eine Sprache dafür zu finden und mit ihrem Mann so darüber zu sprechen, dass sie sowohl mit sich als auch mit ihm in Kontakt blieb.

Sie zog dann um in eine andere Stadt, und nach ein paar Wochen bekam ich eine Mail, in der stand: »Liebe Frau Szekely, ich beklage mich jetzt hochoffiziell darüber, dass Sie nicht mehr in meiner Nähe wohnen.« – »Stattgegeben!«, schrieb ich zurück, und noch ein paar andere Dinge. Wir skypen übrigens hin und wieder – eine Coaching-Möglichkeit, die ich anfangs entrüstet abgelehnt, in letzter Zeit aber sehr zu schätzen gelernt habe, zumal einer meiner Klienten mittlerweile in Australien wohnt – aber das ist eine andere Geschichte.

> **Stereotyp sich immer wieder wiederholende Klagen**
> – unterbrechen den Kontakt mit der Außenwelt,
> – unterbrechen den Kontakt zu sich selbst und seinen Gefühlen,
> – sind destruktiv, führen nicht zu Veränderung, sondern stabilisieren den Zustand.

PS Nun hat man nicht nur im engeren Freundes- und Bekanntenkreis mit Klagenden zu tun. Manchmal trifft man weniger gut bekannte Kläger an Bushaltestellen oder im Baumarkt und ist jenen dann für ein paar Minuten ausgeliefert.

Wenn ich zum Beispiel einmal im Jahr neben Frau XY aus der Bücherei an der Wursttheke stehe und sie die Zeit, bis sie an der Reihe ist, damit überbrückt, mir lang und breit von ihren verzogenen Enkelkindern vorzujammern und dem Schwiegersohn, der also wirklich ein Nichtsnutz sei und bei dem sie schon von Anfang an ein ungutes Gefühl hatte, aber was solle man machen, die jungen Väter von heute ..., dann ist es sicher keine gute Idee, sie zu fragen, ob sie findet, dass sie gerade gut in Kontakt mit sich ist.

Besser funktioniert meines Erachtens eine einfache Strategie: Energie runterfahren, hin und wieder nicken und dabei an etwas anderes denken. Ich schaue sie also freundlich an (und das ist kein bisschen aufgesetzt, denn ich mag sie ja, aber eben ihr Gejammer nicht), ziehe meine internen Energieregler auf 60 bis 70 Prozent und denke nickend darüber nach, was ich meiner Freundin zum Geburtstag schenken könnte.

Tipp
für den Umgang mit klagenden Unbekannten im Alltag: Energie herunterfahren und an etwas anderes denken.

Klagen füllt nicht den Magen, besagt ein deutsches Sprichwort, auch nicht an Wursttheken. Und das Herz, das füllt die Klagerei schon gar nicht – egal wo.

30. Das macht doch keinen Sinn!

Das macht jetzt keinen Sinn mehr.
Das macht auch keinen Sinn.
Macht das Sinn?

Diese Sätze und ihre Variationen höre ich in letzter Zeit immer häufiger. Die allgegenwärtige Suche nach dem Sinn schlägt sich wohl nicht zufällig in der Alltagssprache nieder: Sinn muss her und alles muss daraufhin untersucht werden, ob es Sinn macht oder nicht. So gerne würden wir *Sinn machen*!

Das Wort »machen« ist in diesem Zusammenhang wichtig. Offenbar reicht es nicht, Sinn zu *haben* – man möchte ihn gern herstellen, man möchte etwas tun, aktiv sinnstiftend beitragen. Wenn wir nichts tun können, erleben wir uns oft als ohnmächtig. Da ist immer noch besser, *irgendetwas zu tun*, zumal mit dem hehren Ziel, Sinn zu machen.

Denn Sinn steht für etwas Positives, eine allgemein anerkannte gute Sache, in deren Dienst man sich gern stellt. Umgekehrt ist *keinen Sinn* zu machen negativ konnotiert und scheint deshalb keine Option darzustellen. Oder doch?

Ingrid, Maria, Claudia, Astrid, Frauke ... die Liste der Frauen, die mit Beziehungsproblemen à la »Das hab ich schon versucht, das macht keinen Sinn« zu mir kommen, ist endlos. Was all diese Frauen gemeinsam haben, ist die hohe Aktivität, mit der sie ihre Partner zu etwas bewegen möchten, was jene dann nicht tun, weshalb die Aktivität dann noch erhöht wird – immer im Dienste des großen Sinnes, der hier selbstverständlich von den Frauen definiert wird. Für deren Partner macht wahrscheinlich etwas ganz anderes Sinn.

Es handelt sich hier um einen Interessenskonflikt: Die eine will dies, der andere das. Die eine sieht den Sinn darin, der andere in etwas anderem.

30. Das macht doch keinen Sinn!

So kommt beispielsweise Frauke zu mir und wünscht sich »Strategien«, um ihren Mann dazu zu bewegen, mehr im Haushalt zu machen. Ich werde zehn Minuten lang darüber unterrichtet, was sie schon alles versucht hat und dass all ihre Versuche keinen Sinn gemacht haben. Ich mache wie vereinbart Vorschläge für mögliche alternative Strategien und Frauke lässt mich kaum ausreden: »Hab' ich auch schon versucht!« Oder: »Ja, aber ...« (siehe Seite 91). So vergehen weitere Minuten, bis wir beide schließlich erschöpft in unseren Sesseln sitzen. Ich beginne zu ahnen, wie es Fraukes Mann wohl geht, wenn Frauke Sinn mit ihm machen möchte.

Die Hälfte der 30 Minuten ist nun fast um und es ist keine Lösung in Sicht. Vielleicht gibt es keine, denke ich, und vor allem nicht in der Frauke-Sinn-Ecke. Also raus da!

»Wie wär's«, frage ich, »wenn Sie mal versuchen, *keinen Sinn* zu machen?«

»Hä?!«

Fraukes Reaktion ist nachvollziehbar – wie ich oben sagte: Dies ist natürlich überhaupt keine Option!

»Sie haben jetzt schon so lange so viel getan, um Sinn zu machen, stimmt's?«

Frauke nickt und seufzt.

»All dies hat nicht zu dem von Ihnen gewünschten Ergebnis geführt, richtig?«

Frauke nickt und seufzt und seufzt und nickt.

»Womöglich macht es gerade mehr Sinn, die Sinn-Strategie an den Nagel zu hängen und etwas ganz anderes zu probieren. Haben Sie Lust?«

»Schaden kann's ja nix«, sagt Frauke missmutig. »Und wie?«

»Stellen Sie sich vor, Sie sind mal wieder genervt von Ihrem Mann und spüren den Impuls, ihm in der üblichen Weise zu begegnen. Was könnten Sie stattdessen tun oder sagen? Irgendetwas, was keinen Sinn macht!«

Ich stelle mich ans Flipchart und zücke den Stift. Frauke starrt mich an: »Keine Ahnung, was Sie jetzt von mir wollen.« Auffällig ist, dass ihre Stimme jetzt ganz anders ist, sie spricht auch viel langsamer als zuvor. Es scheint, als sei sie jetzt mehr bei sich und weniger bei ihrem »bösen« Mann.

»Das kann auch etwas ganz Unsinniges sein!«, ermuntere ich sie.

Frauke schaut abwechselnd von mir zu dem leeren Flipchart. Ich kann regelrecht hören, wie sie in ihrem Gehirn Verschaltungen löst und neu verknüpft. Plötzlich kichert sie.

»Blablupp blabla!«, sagt sie.

Ich notiere, »Blablupp blabla«, als wäre es das Normalste der Welt.

»Meinten Sie so etwas?«, erkundigt sich Frauke, jetzt sichtlich amüsiert.

»Zum Beispiel«, sage ich und schaue sie erwartungsvoll an.

Jetzt fließt es! Frauke entwickelt Freude daran, sich komische Sachen auszudenken, und am Ende haben wir eine Liste von Möglichkeiten:

»Blablupp blabla.«
Tierstimmen (miau, wuff wuff ...)
Ihn mit der Gießkanne begießen.
Ein Gedicht aufsagen.
Lachen.
Etwas Unerwartetes tun: zum Beispiel hüpfen.
Ihm etwas Nettes sagen (schwirig!).
Ihn fragen, ob er mich massiert.

Sie scheinen auf den ersten Blick alle keinen Sinn zu machen – oder doch?
  Was davon, glauben Sie, hat Frauke getan?
  Ich war nicht dabei, aber ich rekonstruiere die Situation mal auf Basis ihrer Mail an mich:

Ihr Mann kommt wieder mal spät nach Hause, zu spät, wie Frauke findet. Sie ist total kaputt vom Tag, vom Aufräumen, vom Einkaufen, von den Kindern und hat jetzt noch einen riesen Berg Bügelwäsche vor sich. Sie hat sehr schlechte Laune, ist äußerst gereizt. Ihr Mann schaut ins Wohnzimmer, sieht seine Frau nicht eben fröhlich am Bügelbrett stehen und will sich gerade trollen, weil er weiß, was jetzt kommt, da fängt Frauke an zu hüpfen. Sie hüpft vor dem Bügelbrett auf und ab und fängt schließlich an zu lachen, weil ihr das selbst komisch vorkommt. Ihr Mann starrt sie an, zutiefst verunsichert: Was soll das jetzt?! Ist seine Frau verrückt geworden? Schließlich kann auch er nicht mehr an sich halten und beginnt zu lachen.

»Alles in Ordnung?«, fragt er (und das hat er noch nie gefragt, schreibt Frauke), und Frauke sagt lachend: »Nein, nichts ist in Ordnung. Guck mal, die Wäsche – alles ganz zerknittert! Und ich hab ü-b-e-r-h-a-u-p-t keine Lust zu bügeln!« Mit diesen Worten wirft Frauke kichernd die Wäscheteile in die Luft (das stand nicht auf unserer Liste, aber warum nicht?). Ihr Mann, immer noch recht verdattert, fängt die Wäschestücke auf und legt sie behutsam aufs Bügelbrett. Vielleicht sollte er doch lieber einen Arzt rufen? Aber irgendetwas sagt ihm, dass hier alles in Ordnung ist, so wenig es auch danach aussieht. Und dann kommt's: »Soll ich vielleicht bügeln?« Frauke kann nicht glauben, was sie da hört. »Oh«, sagt sie, »das wäre supernett von dir! Und ich hol' uns ein Weinchen und leiste dir Gesellschaft!« Gesagt, getan. Und so zoomen wir jetzt, ganz nach amerikanischer Spielfilm-Manier, aus dem Zimmer heraus, bis wir nur noch das erleuchtete Fenster an einer Hausfassade sehen und die Silhouetten zweier Menschen, die gerade ziemlich viel Sinn zusammen machen ...

Happy End – fürs Erste. Natürlich war es mit dieser einen Maßnahme nicht getan, aber immerhin hat es den beiden statt Zoff ums Übliche einen schönen gemeinsamen Abend beschert, an dem ER gebügelt hat. Frauke hat ihr Ziel also auf eine recht unkonventionelle Weise erreicht – und noch mehr. Denn als sie beide beim Weinchen über alles Mögliche geredet haben, konnte sie ganz gelöst über ihr Hüpfmanöver sprechen, wie es dazu kam und was sie sich von ihm wünscht.

Schließlich konnten sie sich *gemeinsam* dazu entschließen, eine Eheberatung aufzusuchen. Das macht übrigens öfter Sinn, als man glaubt, und nicht erst in schon total verfahrenen Situationen, sondern am besten schon davor.

> **Warum Unsinn manchmal Sinn macht:**
> - lenkt die Energie weg vom Problem, führt es mehr oder weniger ad absurdum.
> - irritiert das Gegenüber, wirft es aus der »üblichen Bahn«. Anders gesagt: Der andere wird eingeladen, auch seine Strategien zu verändern, etwas anders zu machen als sonst.
> - bringt den »Kläger« mehr zu sich selbst (im beschrieben Fall Fraukes Lachen) beziehungsweise zieht die Energie vom »Angeklagten« ab. Das entlastet den anderen und führt zur Entspannung auf beiden Seiten.
> - Leichtigkeit ersetzt die drückende Schwere und macht Kommunikation oft erst möglich.

Liebe Leserinnen und, ja, hoffentlich auch Leser!

Nun haben Sie mich eine ganze Weile durch verschiedene Zimmer der Seele begleitet, sind mit mir durch das große Haus des Unbewussten gegangen – da möchte ich Sie gern noch zur Tür begleiten und Ihnen meinen Dank dafür aussprechen, dass Sie diese Zeit mit mir und meinen Gedanken verbracht haben.

Vielleicht haben Sie sich im einen oder anderen Zimmer wiedererkannt oder auch jemand anderen? Vielleicht haben Sie sich dort eine Weile umgesehen, hie und da etwas Staub gewischt und sehen jetzt einiges klarer. Das würde ich mir sehr wünschen!

Auch wünsche ich mir, dass ich Ihnen bewusst machen konnte, wie wichtig es ist, dass Sie Verantwortung für Ihr Handeln übernehmen – und für Ihre Worte, die, wie ich hoffentlich immer wieder begreiflich machen konnte, schnell zu unbewussten Handlungen werden.

Ich hoffe, dass ich Ihnen Lust machen konnte, neue Verhaltensweisen auszuprobieren, und dass all das Neue ein Gewinn für Sie selbst und andere sein wird. Seien Sie geduldig mit sich, wenn es mit dem Neuen nicht auf Anhieb klappt. Gönnen Sie sich ein paar Ehrenrunden in Ihren alten Mustern, wohl wissend, dass Sie auf einem guten Weg sind. Wann immer Sie das Gefühl haben, dass Sie es alleine nicht so recht hinbekommen, scheuen Sie sich nicht, sich Unterstützung zu holen! Das ist kein Zeichen von Schwäche, sondern zeugt von Größe; der Größe nämlich, die Ja sagt zur persönlichen Weiterentwicklung mit ihren steinigen Wegen. Ein Zeichen von Schwäche ist es meines Erachtens eher, sich all dem nicht zu stellen – aus Angst vor dem Neuen.

Warten Sie bitte nicht, bis Ihnen Ihre Probleme zu den Ohren herauskommen – je eher Sie beginnen, desto gangbarer ist der Weg zur Lösung. Das gilt vor allem für Beziehungsprobleme. Da wird ja leider oft gewartet, bis die Verletzungen so tief sitzen, dass es nichts mehr zu sagen gibt, auch nicht mehr beim Paartherapeuten …

Gehen Sie vorher, bevor es schon ganz arg wehtut. Sie können durchaus dann einen Coach aufsuchen oder ein Seminar machen, wenn Sie gerade gar keine großen Probleme haben. In diesen »guten Zeiten« lässt sich sogar noch viel besser über Dinge sprechen, die Ihnen in der Zukunft womöglich Probleme bereiten könnten.

Es ist nachgewiesen: Wer sich regelmäßig Zeit nimmt, um sich und sein Leben zu reflektieren – wer also regelmäßig psychische Hygiene betreibt –, ist zufriedener. (Schon erstaunlich, wie viele Menschen regelmäßig Dentalhygiene betreiben, sich aber erst um ihre Seele kümmern, wenn sie schon Karies hat …).

Wie ich zu Beginn des Buches sagte: Die meisten Coaches bieten unverbindliche Erstgespräche an und Therapeuten Probestunden (in vielen Städten gibt es übrigens gute Beratungszentren, die Sie bei der Wahl der Therapieform unterstützen!). Nutzen Sie das, um sich selbst ein Bild zu machen, und gehen Sie nur dorthin, wo Sie sich wirklich gut aufgehoben fühlen!

Zu guter Letzt: Ich freue mich, wenn Sie neben vielen Erkenntnissen auch viel Spaß bei der Lektüre hatten! (Ich hatte großen Spaß beim Schreiben – und auch viele Erkenntnisse, während ich so nachdachte und schrieb …)

Herzlichen Dank für Ihren Besuch – und alles Gute für Ihr Leben!

PS Liebe Frauen, schenkt es euren Männern!
PPS Liebe Männer, schenkt es euren Frauen!

Achte auf deine Gedanken,
denn sie werden deine Worte.

Achte auf deine Worte,
denn sie werden deine Taten.

Achte auf deine Taten,
denn sie werden deine Gewohnheit.

Achte auf deine Gewohnheiten,
denn sie werden dein Charakter.

Achte auf deinen Charakter,
denn er wird dein Schicksal.

(aus dem Talmud)

Dank an ...

Ein Buch schreiben heißt immer vielen danken!

Nichts wäre entstanden ohne die Menschen an meiner Seite, die an mich glauben und die mich immer wieder mit Taten, Worten und Pralinen unterstützen. Und da gibt es eine ganze Menge ...

Da gibt es den, der mir etwas zu essen macht, obwohl ich gerade unerträglich bin, weil ein dringend benötigter Satz noch irgendwo im Äther hängt und so gar nicht aufs Papier will. Der überhaupt alle meine Launen erträgt und an mich glaubt, wenn ich es gerade nicht tue. Danke, Matthias!

Es gibt den, der mich so manches Mal gern bei einem »Siedler«-Spiel abgezockt hätte, während ich am Buch geschrieben habe. Danke, Lino! Einen besseren und verständnisvolleren Sohn kann man sich nicht wünschen!

Da gibt es eine, die mich aufgenommen hat, als ich zum In-Ruhe-Schreiben in eine andere Stadt geflohen bin, und die mich immer wieder mit ihrer Existenz beglückt. Danke, Suse!

Dank an ...

Da gibt es die Königin der Zahlen, eine meiner ersten Probe-Leserinnen, deren Input mich zu 100 Prozent weitergebracht hat. Danke, Zsuzsa!

Da gibt es meine Transaktionsanalyse-Gruppe, die mich immer wieder darin unterstützt, eine bessere Version meiner selbst zu werden. Ohne deren wertvolle und liebevolle Impulse wäre dieses Buch nie entstanden. Danke, Angelika Glöckner! Dank an euch alle!

Da gibt es meine Klienten, denen ich an dieser Stelle von Herzen für Ihr Vertrauen danken möchte – und für die Geschichten, die ihnen das Leben geschrieben hat, die zu Teilen Eingang in dieses Buch gefunden haben.

Ich möchte Eric Berne dafür danken, dass er die Transaktionsanalyse erfunden hat, und Milton Erickson dafür, dass er umich gelehrt hat, dass Geschichten ein therapeutisches Werkzeug sind.

Es gäbe noch vielen Menschen zu danken, aber ich belasse es dabei und hoffe, jene wissen, dass sie gemeint sind. Danke, liebe Freunde und Freundinnen, dafür, dass ihr immer für mich da seid!

Register

Anerkennung 133, 135, 137, 143, 153, 160, 164f.
Angst 11, 38, 46, 52, 62, 103, 111, 122, 140, 145f., 179–182, 186, 188f., 212
Anstrengung 163ff.
arbeitslos 188
Aufmerksamkeit 32, 35, 143

Bedürfnisse 44f., 49, 161, 198
Bequemlichkeit 109
Bewerbung 108, 175f., 178ff., 185ff., 189, 192
Beziehung 71ff., 100f., 103, 106, 161, 190f., 193f., 195
Beziehungsprobleme 204, 212
Burn-out 69, 165

Chaot 67f.
Chaos-Queen 68f., 79

Depression 165
Druck 120f., 177, 180
Durchblick 103ff.

Eigenlob 80, 133f., 136ff., 160
Eltern 32, 74, 76, 102, 136, 164, 192
Energie 32, 66, 94f., 202, 209
Entscheidung 46f., 74f., 106, 109, 122f., 128, 145ff.
Erschöpfung 135

Fähigkeiten 9, 35, 38, 42, 75, 181
falsch 28, 49, 90, 101, 135, 145f., 148, 150, 165, 169, 189
Fehler 84ff., 174
Frust/frustriert 43, 114, 117, 151ff., 155, 180
Führungsposition 102

Gefühle 18, 27, 45, 79f., 106, 112, 115ff., 155f., 178, 185, 198ff.
Geld 33, 114f., 184
Glaubenssatz 129, 132
Grenzen 48

Harmonie 101
Haushalt 196, 205
Hilfe 81ff., 94
hilflos 35, 82f., 120ff., 129

Innere Stimmen 121, 123, 148, 178f.
Intuition 178f.

Job 55, 92f., 120, 134, 137, 142, 159f., 178, 181f., 184ff., 188

Katastrophe 168ff., 174
Kinder 10, 43, 52, 70f., 86ff., 102, 125, 132, 136, 148, 191f., 196, 198, 202, 207
Klagen/klagen(d) 43, 59, 68, 164, 196ff.
Kognition 178
Kollegen 28, 48, 85, 134f., 137, 165
Kommunikation 100, 103, 209
Konflikt 44, 101, 151, 189, 193, 204
Kurzcoaching 15, 20, 24, 193

Laune 140, 161, 207
Lebenslauf 186, 188
Liebe 12, 139, 160, 191ff.
Lob 134ff.

Meinung, keine 102
Mütter 19, 52, 70, 74, 86, 112, 116, 121, 160, 198

Nerven 112f., 115ff.

Opfer 25, 36, 173

Paar 100, 192f.
Paartherapie 99f., 103f.

Problem 20, 24, 28, 30, 32f., 66, 139ff., 159, 177, 193, 196, 204, 209, 212

Regeln 124, 131
Richtig 11, 19, 37, 42, 61, 82, 84, 86, 128, 136f., 145ff., 155, 165, 183, 205
Rollen(verteilung) 44, 49

schaffen 28, 51ff., 83, 101, 113, 193, 198
schwer 18, 23, 84, 113, 158, 161f., 175ff., 180f., 209
Selbstabwertung 78f., 128
Selbstbild 78
Sinn 19, 32, 58, 61ff., 74f., 121, 126, 128ff., 138, 203ff.
Socken, herumliegend 72ff. , 77
Sorgen 61, 64, 66, 140
Stress 92, 152f., 155, 162

Überforderung 24, 46

Veränderung 17, 27, 57, 68, 74, 77, 110, 137, 154, 156, 201
Verantwortung 20, 25, 73ff., 101, 103, 126f., 130, 132, 143, 152, 154, 156, 193, 211
Verbindlichkeit 100, 102
(Verhaltens-)Muster 12, 66f., 102, 137, 159, 162, 212
Verzweiflung 35, 38, 41f., 59, 120f., 157, 159, 184, 198

Werte 187ff.
Workaholic 67ff.

Ziel erreichen 37f., 52f., 55f.
Zurückweisung 189
Zuwendung 133
Zwickmühle 135

Über die Autorin

Dasa Szekely, geboren 1964, gründete 2007 dasacoaching, Deutschlands ersten Coachingladen. Über 250 Menschen hat sie dort bislang schon gecoacht, zu allen Themen, die im Leben eine zentrale Rolle spielen: Beruf, Liebe, Familie, Kommunikation, Zukunftsplanung und Sinn. Dabei geht es nicht immer nur um akute Probleme. In Seminaren und Abendworkshops kann man in entspannter Atmosphäre lernen, wie man ein erfüllteres Leben führen kann.

Die gelernte Werbetexterin und Strategin ist seit 2005 zertifizierter systemischer Berater und Coach, und seit 2004 Text-Dozentin an der Hochschule für Gestaltung in Offenbach. Außerdem leitet sie Kurse für kreatives Schreiben bei der START-Stiftung. Seit sie denken kann, fragt sie sich: *Wie kann man Schweres leichter machen?* Sie lebt in Frankfurt, ist glücklich liiert und hat einen 14-jährigen Sohn.

dasacoaching
Schulstraße 1
60594 Frankfurt
www.dasacoaching.de
kontakt@dasacoaching.de

Wer bin ich, was kann ich und wohin will ich?

Dasa Szekely | **Gefühlsinventur**
Das Buch über mich
224 Seiten, gebunden
ISBN 978-3-424-20036-2

Unser Gefühlshaushalt sieht manchmal aus wie ein vollgestopfter Speicher: Alles ist durcheinander, wir kennen uns nicht mehr aus und wissen nicht, was wir eigentlich fühlen oder wollen. Hier bringt Life- und Business-Coach Dasa Szekely mit ihrem innovativen Konzept Ordnung in unser Gefühlschaos. Durch Tests und kleine Aufgaben beginnen wir einen Dialog mit uns selbst und lernen dadurch, in uns hineinzuhören und uns selbst zu spüren. So macht Inventur Spaß!

Leseprobe unter www.ariston-verlag.de